vale la pena esperar

el amor, la sexualidad y cómo mantener viva la ilusión

tim stafford

Editorial UNILIT

Sepa

Publicado por
Editorial **Unilit**
Miami, Fl. U.S.A
©Derechos reservados

Primera edición 1990

© 1988 por Campus Life Books
Publicado originalmente en inglés con el título:
"Worth the Wait" por
Tyndale House Publishers, Inc.
Wheaton, Illinois

Traducido al español por: Concepción Montiel de Ramos

Citas bíblicas tomadas de la la Biblia
Revisión de 1960. © Sociedades Bíblicas en América Latina
Usada con permiso.

Cubierta: Diseño y fotografía Hector Lozano

Producto 497587
ISBN 0-7899-1437-9
Impreso en Colombia
Printed in Colombia

CONTENIDO

CAPITULO UNO

Por qué es difícil esperar

¿Por qué crearía Dios toda esta energía sexual en mí si no me permite desahogarme nunca?
Esta fue la pregunta que me hizo Paul, un chico de Carolina del Norte de diecinueve años. Una excelente pregunta, ya que el sexo no es un tema abstracto del que hablamos como quien habla de la composición física de la luna. Es una presión viva dentro de cada uno de nosotros.

Desde luego, Paul exageró un poco lo que Dios le pide que haga pues Dios no le pide que no se desahogue *nunca*. Más bien le dice que guarde esa máxima expresión de amor —el sexo— hasta que se case. Pero la relación sexual no es la única forma de desahogarse, e indiscutiblemente "hasta que te cases" no significa "nunca".

Ahora bien, Paul no estaba exagerando cuando dijo "¡toda esta energía sexual en mí! Con tanta actividad por dentro, esperar al matrimonio parece "nunca"

Es difícil esperar, y desde luego, muchos ni siquiera lo intentan. Pero aun para aquellos que quieren, esperar al matrimonio es duro, y con diecinueve años, Paul habla por muchos otros como él.

¿Por qué es tan atractivo el sexo? ¿Por qué la gente piensa tanto en él? ¿Por qué una sola mirada a alguien bien parecido desata tal explosión en tu cerebro?

Y ¿por qué el sexo hace que muchos hagan cosas que juraron no hacer nunca? ¿Por qué se dejan llevar? ¿Por qué parece que el sexo es mucho más poderoso que nuestra llamada "fuerza de voluntad? Y ¿por qué echa por la borda todo sentido común?

¿QUIEN PUSO EL PODER DENTRO?

Esto no es ningún misterio. Pero si has de culpar a alguien por el poder del sexo, culpa a Dios. El te hizo vivo sexualmente, y El puso ese poder ahí. Pero al hacerlo, dale también algún crédito. ¿Qué sería la vida sin el sexo?

Recuerdo cuando construimos una habitación en casa. Primero el constructor puso el fundamento. Luego levantó la armazón. Fue entonces que vino el electricista y entretejió una red de alambres por todo aquel esqueleto de madera. Comparados con las vigas los alambres parecían insignificantes, y luego forraron y terminaron las paredes y fueron debidamente pintadas, los alambres desaparecieron casi por completo.

Un día, cuando la habitación estaba lista para ser ocupada, vino la compañía de electricidad y conectó esa red a la corriente. De pronto, todos esos alambres cobraron un significado enorme. Aunque no se podía ver ningún cambio, pues seguían escondidos, la habitación sirvió para algo más que simplemente cubrirnos de la lluvia. Ahora yo podía hacer cosas que no podía hacer antes. Podía conectar mi tocadiscos y escuchar a los *Beatles*. Podía usar mi computadora. Podía quedarme hasta tarde leyendo.

También podía electrocutarme si hacía algo tonto.

La sexualidad es algo parecido. Biológicamente tu potencial fue entretejido al nacer. Tienes tus órganos apropiados y tus debidas hormonas, bien de hombre o de mujer. Esto es bueno, Dios lo dijo. Cuando terminó con toda la creación y la coronó con dos seres humanos, un hombre y una mujer, se echó hacia atrás, y observó que era "muy bueno" Esto incluye tu sexualidad.

Sin embargo, para la mayoría de las personas la sexualidad no significa mucho hasta que llegan a la pubertad. Es entonces cuando su alambrado se conecta a la corriente. De pronto, el sexo se convierte en un poder activo. Varones y hembras se convierten en partículas cargadas de energía, listas para unirse. Esto también es bueno, pues Dios lo hizo así y El sabía lo que hacía.

POR QUE QUIERES ENTRAR EN ACCION

"Cada vez que oigo su voz, siento cosquillas dentro de mí. Esto lo escribió una chica al describir a su novio, pero la misma idea puede haber sido expresada por un joven.

Durante la pubertad comienzas a sentir que el sexo opuesto es más que algo en que pensar. Si eres varón, quieres una muchacha, y si eres hembra quieres un muchacho. Es una fuerte y emocionante necesidad de unirse, y a veces es hasta alarmante.

Físicamente quieren tocarse: asirse de las manos, besarse y al final hacer el amor. Psicológicamente también quieren tocarse, probar las profundidades de una personalidad, amar y ser amados, expresar sus sentimientos y temores, ser abiertos y transparentes.

Con este anhelo vienen temores: *¿Amaré alguna vez? ¿Me amará alguien a mí? ¿Estoy dotado correctamente? ¿Encontraré la persona de mis sueños o me quedaré en soledad?*

Dios te hizo con necesidades sexuales. Vayamos aún más lejos: te hizo de forma que es difícil esperar. Puedes llamarlo un reto que te hace tu Dios/Creador: "Te he dado este asombroso potencial, pero debes saber de antemano que no es fácil de dominar y te probará hasta el límite.

Pero si es un reto, también es un voto de confianza, ya que si Dios nos reta es porque sabe que podemos lograrlo.

No hay nada de inmoral ni degradante en soñar con la realización de tu sexualidad. Pero asegúrate de que el sueño sea completo.

Igual que mucha gente tuve la intención de esperar al matrimonio para tener relaciones sexuales. Entonces conocí a un chico que se convirtió en algo especial para mí. Salimos juntos por año y medio, y durante los primeros doce meses me resistí a la presión física que él me imponía. Una y otra vez le expliqué que prefería esperar, pero finalmente cedí. Podría inventar mil excusas por lo que pasó —el divorcio de mis padres me estaba afectando y me sentía sola— pero eso no cambia las cosas. Desde luego, en aquel tiempo "nos amábamos" y planeábamos casarnos, así que no creí que importaba mucho.

Estoy segura de que puede adivinar lo que pasó más tarde. No mucho después de haber hecho el amor él decidió que ya no me "amaba", y terminamos las relaciones. El sentimiento de culpabilidad y el dolor me persiguieron por nueve meses. Durante ese tiempo tuve que hablar con muchas amistades que me amaban y me comprendían para aprender a perdonarme a mí misma y dejar de quererlo, tanto. Pero aun ahora todavía experimento algo de dolor que nunca me dejará por completo.

Esta es una manera difícil de aprender la verdad. Tuve a mano muy buenos consejos que nunca me molesté en escuchar, pues nunca pensé que mi situación terminaría así. Ahora sé demasiado bien que una vez que se entra en la parte física, es casi imposible encontrar un buen punto para parar. Aprendí también que a la edad de diecisiete años yo no sabía nada acerca del amor fiel y verdadero. Ahora con dieciocho, todavía no puedo comprender mucho ese perfecto amor que viene con el matrimonio.

Sé que muchas personas de mi edad han oído el mismo consejo repetidas veces, pero quizá mi experiencia influya en alguien para que no tenga relaciones sexuales antes del matrimonio. Yo no escuché, pero ahora sé que el dolor de terminar con una relación amorosa que haya incluido relaciones sexuales es mucho mayor que terminar con una que no las haya incluido. La finalidad de la relación sexual es unir a dos personas para siempre. Yo siento como si hubiera perdido una parte de mí con él, que nunca volverá y no puede ser reemplazada nunca.

¿QUE PUEDE SALIR MAL?

¿Qué es lo peor que te puede pasar sexualmente? Algunos se imaginan que sería un desastre perderse la experiencia sexual y vivir como un monje toda la vida.

Sin embargo, desde el punto de vista de Dios el desastre sexual es diferente. El quiere para ti algo más que la mera relación física del acto sexual, y le preocupa que te pierdas todo el gozo y el placer que El quiso que tuvieras al poner este deseo tan poderoso en ti.

La mayoría de las personas se preocupan porque piensan que se van a perder todas las cosas buenas que su deseo sexual les promete, pero por lo general se concentran en problemas relativamente insignificantes. Temen ser rechazados por tener acné o una nariz larga, o porque son tímidos o pocos populares. Temen perder la persona con la que pretenden unirse para siempre, y que pasarán como barcos legendarios en la noche.

Esto lo leo constantemente en las cartas que recibo con relación a mi sección en la revista *Campus Life* "Tengo diecisiete años y mis amigos me aseguran que soy muy atractiva. Pero no tengo novio y nunca lo he tenido. *¿Puede decirme qué estoy haciendo mal?*" Esta chica, como muchas otras, piensa que hay algo que le está dando mala suerte, y está dejando arruinar su vida por algo que ni siquiera conoce.

O "Conocí a esta chica en el campamento de verano y fuimos muy buenos amigos. Ahora que el campamento terminó, ella se encuentra a 600 kilómetros de distancia. Casi nunca nos vemos y nos estamos alejando uno del otro. Sé que hay muchos peces en el mar, pero, ¿qué si esta es la mía?" Muchachos como éste temen perderse la única oportunidad de experimentar el verdadero amor y lamentarlo el resto de su vida.

Pero no es así como generalmente la gente se pierde la realización sexual. La malogran porque se conforman con algunas partes de la ilusión. Están tan ansiosos de no perderse el amor, que se agarran de lo primero que encuentran.

Es como yo cuando tengo hambre. Miro en la nevera y estudio las posibilidades, pero en vez de prepararme una comida decente, agarro cualquier cosa, casi siempre fruslería y me la como. Al rato no tengo hambre, pero tampoco estoy satisfecho.

¿Qué es lo que en verdad anhelas tú? Cuando una mirada de ese tipo sensacional te vuelve loca (o loco si el caso es al revés), ¿Cuál es el anhelo principal detrás de esa locura? Esta pregunta es importante, ya que ha de determinar aquello con lo que has de conformarte.

Algunos se conforman con metas a corto plazo: *Yo lo que quiero, lo que verdaderamente quiero, es que Ricardo me invite a salir.* Desde luego, nadie está satisfecho con una salida solamente y pronto quiere más. Pero esta persona fija sus metas de día en día. Primero, una salida con la persona a quien le echó el ojo. Luego un *noviazgo*. Esto significa "me perteneces". Y entonces, ¿qué? Por lo regular, un nuevo blanco para sus flechas: Olvídate de Ricardo. *Yo lo que quiero, lo que verdaderamente quiero es que Esteban me invite a salir.*

La gente que se fija metas a corto plazo, por lo regular termina con relaciones a corto plazo, y aun aquellas que más duran, son inmaduras, puesto que al no crecer y no dirigirse hacia nada concreto y firme, nunca salen de la etapa del "te –tengo-y-no-te-dejaré-nunca". Esto no satisface tus deseos más íntimos.

Vayamos a lo físico

Otros se conforman con el lado meramente físico de la ilusión. *Lo que yo quiero, lo que verdaderamente quiero, es su cuerpo.* En esto hay una gratificación: El acto sexual hace sentirse bien, y punto. Tu cuerpo quiere este placer y te lleva hacia él.

Es fácil pensar en la relación sexual como algo físico. Casi todos pensamos así en algún momento. Pero en realidad no es tampoco todo lo que quieres.

Si el sexo fuera solamente un deseo físico, la pornografía sería admirable, pues es la más pura forma de sexo impersonal. Cierto, no tienes un cuerpo, sino sólo la foto de un cuerpo, pero tampoco tienes complicaciones personales. No hay desagradables rompimientos, no hay desilusiones. No hay ninguno de los problemas que tienes con la gente real. Solamente la simple, fascinadora y emocionante experiencia de ver a la inimaginable desnuda delante de ti, mirándote sólo a ti — con tal disposición, con tal deseo. El sexo nunca es tan perfecto como cuando estás solo con tus fantasías (o con las de otro).

Los que prefieren cuerpos reales a parejas imaginarias pueden conseguir casi el mismo efecto. Lo pueden llamar "sexo sin promesas", y así se libran de todo compromiso. Parece un buen negocio para ambos, tú me das mi placer y yo te doy el tuyo. Y si no intercambiamos placer sexual en trato directo, podemos negociar. Tú me das la seguridad de tener una compañera todos los fines de semana, y yo te garantizo que estarás satisfecha al final de la noche. Yo te llevo a cenar y tú me compensas. Y cuando hayamos recibido lo que buscamos en nuestras relaciones, bien sea por mucho o poco tiempo, terminamos. Tú vas por tu camino y yo por el mío.

Las aventuras sexuales que tratan la relación sexual como una experiencia de alta cocina, están por dondequiera. Hablan mucho, así que son fáciles de reconocer. Pero el porcentaje de personas satisfechas con la relación sexual en su aspecto físico solamente, es bien bajo. Muchos, después de jugar al "playboy" por algunos años deciden asentarse. Se ha dicho que es difícil mantener las relaciones sexuales solamente como una diversión después de todo, con todo lo bien que uno se siente, las sensaciones físicas sólo duran unos minutos. Esto puede dejarte con un sentimiento de tristeza y de vacío si no hay nada duradero detrás de la sensación física —si no hay un amor y un cariño verdaderos. Quieres algo más, algo más personal, puesto que eres una persona y no una máquina de placer. Quieres intimidad y no sólo sexo. Quieres amor duradero.

Ahora bien, esto tampoco significa que te vas a conformar con noches de luna, besitos de despedida y regalos el día de los enamorados. Hubo un tiempo cuando se trataba el amor juvenil muy infantilmente. Saliditas juntos y romanticismo. El sexo en su aspecto prácticamente no se mencionaba. Pero se pensaba en él y hasta se experimentaba, puesto que no estamos dotados tampoco para el romance únicamente.

Queremos tanto cuerpo como personalidad, *relaciones sexuales y amor*. Soñamos con unirnos en carne y alma con otra persona para siempre. Y ésa es la ilusión para la que fuimos creados. Por eso nos apuramos. Por eso es difícil esperar. Dios nos hizo para anhelar una realización emocional, espiritual y física, y nos dio el matrimonio para lograrla.

Sin embargo, cuán fácilmente nos conformamos con pedazos de la ilusión —y cuán rápido nuestra ilusión se hace pedazos.

CAPITULO DOS

Las presiones de una sociedad moderna

¿Cómo es posible tener una relación amorosa como Dios manda, si los ejemplos que tenemos son las relaciones que vemos en la televisión?

No todas las presiones que sentimos vienen de parte de Dios. Muchas se deben al medioambiente en que vivimos.

He comparado la sexualidad con un alambrado eléctrico: Parece insignificante hasta que se lo conecta a la corriente. Pero consideremos otro factor importante: la cantidad de aparatos disponibles que se pueden conectar.

Si te fijas en una casa vieja, construida antes de 1950, encontrarás que su sistema eléctrico original incluía tan sólo uno o dos tomacorrientes por habitación. Las personas que viven en estas casas hoy en día, tienen que reconstruir el alambrado o recurrir a poner todo tipo de extensiones debajo de las alfombras o por las esquinas, creándose así un verdadero peligro de incendio.

¿Por qué construían las casas con tan pocos tomas? No era por causa del costo. Es que simplemente no hacían falta más. Nadie tenía efectos eléctricos que conectar. Posiblemente una familia tenía un radio, un ventilador, algunas lámparas y un refrigerador o nevera. No había televisión. Ni videocasetera. Ni congelador. Ni horno micro-ondas. Ni batidora, Ni cafetera. Ni abridor de latas eléctrico. Ni tenacillas para rizar. Ni computadoras. Ni acondicionador de aire. Ni recargador de baterías. Por consecuencia en la década de 1940 las familias usaban menos electricidad. En cuanto a energía las posibilidades

estaban ahí, pero cuánta de esa energía era usada dependía
de la cantidad de aparatos que la sociedad tenía disponibles.
    Así pasa con el sexo. El alambrado es el sistema
básico del modelo. La energía está ahí, pero la sociedad
ejerce una influencia tremenda en cuanto a lo que estés
tentado a conectarle.
    Ante todo, la sociedad controla las posibilidades. Por
ejemplo, en un país estrictamente musulmán la sociedad
dice que un hombre puede darse por dichoso de ver el color
de los ojos de su amada antes de la luna de miel. Sin
embargo, en Norteamérica todo lo que podamos ima-
ginarnos está al alcance de nuestras manos. Hay suficiente
privacidad y libertad para que un par de chicos equipados
con un buen alambrado hagan lo que quieran. Sus padres
podrían prohibírselo, pero no los pueden controlar.
    Segundo, la sociedad dice qué podemos esperar. Si
todos en mi escuela tienen una videocasetera, yo me con-
sideraré un desdichado si no tengo una. Si todos en mi
escuela se acuestan juntos a la tercera salida (o dicen que lo
hacen), esto va a influir grandemente lo que yo puedo
esperar de mi tercera salida con mi novia.
    Y ¿qué nos dice la sociedad norteamericana que
podemos esperar del sexo? Los mensajes son conflictivos.
Las ideas que oyes en la iglesia o en tu casa pueden ser
bien conservadoras. Sin embargo, allá, afuera en el gran
mundo en que te desenvuelves, el mensaje principal es:
"Las relaciones sexuales son inevitables".
    En la televisión la moralidad es una broma. Todo el
mundo busca lo suyo. A veces es un ¡qué barbaridad!
(como en ¡Qué barbaridad! ¿Eso se dice en televisión?), o a
veces es una noble búsqueda de realización entre dos seres
que se aman tan apasionadamente que no se pueden
aguantar. Más y más es lo "normal". Dos personas que se
atraen mutuamente se acuestan juntos, y el tener relaciones
sexuales a la ligera llega a ser algo tan normal como
encender una batidora.
    De acuerdo a un estudio efectuado recientemente,
cada año el norteamericano promedio contempla en la

televisión unas 9,230 escenas con actos sexuales, comentarios sexuales o insinuaciones de algún tipo. Otro estudio indica que por cada vez que la televisión sugiere el acto sexual entre dos personas casadas, presenta seis encuentros sexuales entre personas no casadas.

UN LIGERO RETROCESO

Ultimamente, con el temor al SIDA por todas partes, ha habido un ligero retroceso en este pensar. Algunos programas presentan valores familiares, y aun en aquellos que no lo hacen, penetra cierto sentido de responsabilidad ocasionalmente. En la telenovela una pareja excitada se detiene bruscamente sin "ir al final", porque no tienen la protección de un condón; o un chico diría a su novia que no se siente preparado para tener relaciones sexuales y que prefiere esperar a estar seguro.

Pero esto en realidad no cambia el mensaje subyacente, sólo lo refina un poco. Es el equivalente al clásico adiós de los padres temerosos que despiden al hijo cuando sale con su novia: "Ten cuidado". No hay duda de que no importa lo que pase en el episodio de hoy en la novela, la relación sexual será inevitable en un episodio futuro. En el caso de la pareja, la próxima semana traerán consigo un condón. Y el chico ya no tendrá tanto miedo y se habrá acostumbrado a la idea en otras palabras, será más "maduro".

De vez en cuando vemos un documental tremendamente serio en la televisión que nos informa sobre la plaga del embarazo juvenil, o la creciente saga de la familia americana, o el SIDA. Quizá se le permita a alguien por treinta segundos sugerir que la raíz del problema es nuestra visión de que es lo bueno y malo en el comportamiento sexual. Pero, por lo general ese mensaje queda ahogado por el supuesto de que todo el mundo tarde o temprano será sexualmente activo. Se asume que la gente practicará el sexo libremente sin atenerse a las consecuencias, y que la sociedad sólo tendrá que proveer los condones, las facilidades médicas, los abortos, o cualquier cosa necesaria para arreglar el lío que se ha causado.

Algunos quizá digan: "Ustedes los adolescentes deberían esperar a cumplir los dieciséis o los dieciocho". Este es otro adagio de los padres: "Eres muy joven. Espera a ser adulto — entonces podrás. Espera a ser más responsable — como yo.".

Nunca conocí un chico que creyera que lo que es malo a los quince años se convierte en bueno a los veinticinco. Es demasiado arbitrario. Sobre todo si está enamorado.

¿Y QUE DE MI MAMA?

Aun el mensaje de "espera a que seas mayor" se predica cada vez menos. Los adultos prefieren que sus hijos no tengan relaciones sexuales, pero se les hace muy difícil predicar algo que no practican. He aquí lo que una chica me escribió:

Tengo quince años y tengo un problema que muchas de mis amigas no pueden entender. Mi mamá y su novio empezaron a salir hace como tres años. Pronto comenzamos a pasar la noche en su casa. Esto no me molestaba porque mi mamá y yo dormíamos en la habitación del frente. Pero entonces ellos empezaron a dormir juntos. Esto no me molestó mucho tampoco hasta que una noche fui a preguntarle algo a mi madre y su novio salió del baño vestido sólo con sus paños menores. Pronto los sorprendí en el acto sexual.

No hace mucho, eran las *madres* las que escribían esto acerca de sus *hijas*, pero ahora millones de jóvenes, hijos e hijas de padres divorciados, tienen los papeles cambiados. Ven a sus padres involucrados en la inmoralidad. Los ven destrozados y endurecidos por los rompimientos emocionales y las desilusiones que inevitablemente siguen. Es natural que estos padres no le estén dando a sus hijos razón alguna para esperar al matrimonio.

O si no, consideremos la forma en que Kathryn Burkhart puso su receta para la moralidad juvenil en su libro *Cómo crecer hacia el amor*. "Me parece que se debe alentar a los adolescentes de todas las edades a que practiquen el juego previo, y no lleguen al acto del coito hasta que no sientan un extremado bienestar en su propio cuerpo, y que están muy a sus anchas consigo mismos y con sus parejas. Los adolescentes deben pensar en sus propios requisitos para la intimidad sexual y respetar en gran manera sus propios sentimientos y valores".

Desafortunadamente, la moralidad moderna de nuestra sociedad no se hace más fuerte que eso. Cómo esta forma de pensar afectará al comportamiento de dos chicos en el dormitorio, lo dejo a tu imaginación. Yo casi que puedo oír la moralidad de la señora Burkhart en acción: "Mary, ¿sientes bienestar en tu propio cuerpo?" "Ajá" ¿Te sientes a tus anchas contigo misma y conmigo?" ¡Oh, sí! ¿Respetas profundamente tus propios sentimientos y valores?" "¡Claro, pues! ¿Puedes adivinar cómo terminará la conversación?

EL SEXO COMO FUENTE DE GANANCIA

Ni siquiera las películas incluyen este tipo de moralidad ligera. En ellas, las relaciones sexuales son más inevitables que en la vida real. La razón es sencilla: El sexo vende. Aparentemente, los productores cinematográficos han llegado a la conclusión de que no puede haber una buena película sin algo de sexo. En los Estados Unidos tienen un sistema de clasificación que te permite saber de antemano lo que vas a ver: PG-Unas cuantas escenas breves de piel desnuda y música romántica. R-Senos, mucha piel desnuda y prolongada práctica de relaciones sexuales. X-Probablemente sea violenta. Pero no importa qué parte de la piel enseñen, casi siempre enseñan sexo cualquiera que sea la clasificación. Un hombre conoce a una mujer. El hombre y la mujer se acuestan juntos. Ya no hay misterio como en las películas antiguas de Doris Day. ¿Lo haría o no lo haría? Ahora el misterio es ¿cuándo? y ¿cómo? Oh, y ¿cómo es que *ninguna* de las chicas queda embarazada? Desafortunadamente, millones de adolescentes quedan embarazadas cada año en la vida real. (Esto nunca pasa en las películas).

La música, en algunas formas, era menos explícita. Esto es porque por lo general la letra de las canciones dejaba mucho a la imaginación. Sin embargo, ya no hay que adivinar mucho para conocer la parte "sucia" de la canción. Ya no existe el doble sentido. Todo está a la vista. Por muchos años la música fue romántica y su objetivo era el amor.. Eso ya no existe hoy día. El sexo es parte del paquete.

Existe otro medio que nos envía mensajes en el cual tal vez no pensamos: la publicidad. Casi todos los anuncios que ves en revistas, televisión o afiches, están saturados de mensajes sexuales. Hermosos cuerpos, miradas seductoras y piel, cabello y ojos relucientes. Suficiente para llamar la atención ¿verdad? Es evidente que la publicidad contribuye a la idea fundamental que dan la televisión, la música, las películas y las revistas —que las relaciones sexuales son inevitables. Sólo los físicamente feos o los psicológicamente problemáticos —perdedores hasta el final— fallan en la encuesta.

A dondequiera que miras es lo mismo. Famosas consejeras populares como la Dra. Ruth y querida Abby dan por sentado que las relaciones sexuales son inevitables para la gente que esté dotada apropiadamente. Y hasta lo dicen abiertamente: "Hace mucho tiempo la gente creía que el sexo era algo prohibido. Pero ya no estamos viviendo en la Edad Media. Este es el siglo XX y no podemos meter la cabeza en la arena como el avestruz y pretender que la gente no va a tener relaciones sexuales. Es inevitable".

Lo que no mencionan es que a través de la historia, (y aun hoy en día en muchos países) las relaciones sexuales fuera del matrimonio no han sido inevitables. La gente estaba dotada exactamente de la misma forma que nosotros hoy. Pero en su mente *el matrimonio* era inevitable. Por lo regular la gente normal saludable, sexualmente capaz, esperaba al matrimonio. Y creían que valía la pena esperar.

Pregunta: Yo entiendo que la Biblia considera que las relaciones sexuales son para ser practicadas solamente en el matrimonio. Pero en aquellos tiempos la gente se casaba a los doce, trece o catorce años, cuando sus cuerpos comenzaban a desarrollar. No tenían necesidades físicas con que lidiar.

Tengo diecinueve años y soy virgen. Los muchachos, no importa quienes son (he tratado incluso los de la iglesia), quieren tener relaciones sexuales. Dicen que quieren una relación más "profunda" conmigo. Afirman que esto acerca más a dos personas entre sí.

Tanto financiera como socialmente dos jóvenes no pueden casarse hoy en día. No podrán sobrevivir en el mundo presente, pero sus cuerpos han estado listos desde que tenían trece o catorce años. Todo eso estaba muy bien en los días de la Biblia, pero y ahora, ¿qué? ¿Pensó Dios en esto o lo está haciendo más difícil por algún motivo en específico? No es justo que hayamos nacido en estos tiempos.

Yo soy cristiana hasta el final. Es tan difícil dejar ir a un muchacho que me gusta, porque no podemos llegar más lejos en nuestras relaciones, aun cuando ambos amamos a Dios. Yo puedo lidiar con esto, pero ellos no, y me hieren más de esta forma que si tuviéramos relaciones sexuales y luego nos dejáramos.

Ninguna de mis amigas entiende por qué pienso así. Ellas dicen que los tiempos han cambiado, pero yo no estoy muy segura. Ayúdeme, por favor.

Respuesta: Tienes razón en cuanto a la edad de matrimonio en los tiempos bíblicos. Por lo general entonces la gente se casaba joven. (También vivían con sus padres el resto de su vida, y esta parte del acuerdo no es tan atractiva, creo yo.)

También estoy de acuerdo contigo en que esperar por más tiempo es difícil. Tienes que reprimir tus deseos sexuales por mucho tiempo y esto es duro. Lo sé, yo lo hice. Y se hace más difícil cuando vives rodeada de gente que no comparten tus valores.

Pero los muchachos que conoces no representan a todo el mundo. De acuerdo con el mejor estudio reciente hecho por *Rolling Stone Press* "El sexo y el adolescente", tanto varones como hembras, permanecen vírgenes a través de sus años de adolescencia. No estoy negando con esto que no hay una gran cantidad de actividad sexual en las escuelas superiores. Sé que hay mucha. Pero también hay una gran cantidad de jóvenes que han preferido por voluntad propia mantener su virginidad.

Pero bien, ésa no es tu pregunta. Lo que tú quieres saber es si, según cambian los tiempos, nuestro sentido del bien y del mal debe cambiar también.

¿Cuánto han cambiado los tiempos en realidad? Puedes ser tentada a exagerar la diferencia. La pureza sexual nunca ha sido fácil, y si todos los deseos y necesidades pudieran haberse resuelto nítidamente con un matrimonio a temprana edad, la Biblia no tendría necesidad de advertirnos contra las relaciones sexuales fuera del matrimonio. Siempre resulta difícil contener los impulsos sexuales.

Pero cuando comparamos nuestra situación con la de ellos, ¿por qué limitarnos al sexo? Tal vez la pureza sexual es más difícil de mantener ahora; pero algunos mandamientos son más fáciles. ¿Qué del mandamiento de no robar o no codiciar? En los tiempos bíblicos la gente vivía pendiente de las temporadas de lluvia, o se moría de hambre. Tenían pocas posesiones, y una segunda muda de ropa era un lujo. Comparados con nosotros, ¿no crees tú que para ellos era más difícil no robar o no codiciar que para nosotros? Yo estoy seguro que ellos no pudieran concebir cómo gente como nosotros pueda ser tan avariciosa y tener una tasa de robos tan alta como tenemos.

Lo que estoy tratando de decir es que cada era tiene sus dificultades muy particulares y no sólo eso, sino que cada etapa de la vida tiene sus propias dificultades. Mi madre me decía que los jóvenes eran tentados por el sexo, los adultos por la avaricia y los viejos por la protesta. ¿Crees que es justo que muchos ancianos se vean obligados a mantener corazones agradecidos cuando se levantan cada mañana a pesar de sentirse miserables? Por otra parte, ellos sienten impulsos sexuales menos intensos. ¿Crees que esto hace que para ellos sea más fácil ser buenos cristianos? No necesariamente. Tus tentaciones cambian, pero tu dependencia de Dios no.

Tu puedes escoger. Puedes concentrarte en las dificultades que la vida arroja sobre ti, o en la maravillosa fortaleza que Dios te da para enfrentarlas. El ha dicho bien claro que ninguna tentación nos sería dada mayor que lo que podemos aguantar o resistir: "No os ha sobrevenido ninguna tentación que no sea humana; pero fiel es Dios, que no os dejará ser tentados más de lo que podéis resistir, sino que dará también juntamente con la tentación la salida, para que podáis soportar" (1 Corintios 10:13).

Y a propósito, es duro que un chico te deje por no querer tener relaciones sexuales con él, pero es aún más duro que te deje después de haberlas tenido. He oído de muchas chicas que estarían de acuerdo con esto.

Puede que ahora sea más difícil que antes cumplir el mandamiento de Dios acerca de las relaciones sexuales, pero la protección que recibes al obedecer no ha cambiado en absoluto. Nunca tendrás que saber lo que se siente cuando te entregas a alguien por completo —y luego eres rechazada.

CAPITULO TRES

La presión de los iguales

Hace casi dos años que tengo el mismo novio. Lo amo mucho y sé sin duda alguna que él me ama. Asistimos a la iglesia regularmente. Sus padres son los pastores de la iglesia donde ambos tenemos un ministerio musical que glorifica a Dios grandemente. Una sola vez tuvimos relaciones sexuales, y esto ahora nos está llevando al sexo oral. Cuando esto sucede, no siento ninguna culpabilidad sino hasta dos o tres días después, pues cuando estoy con él, mi amor por él parece sobreponerse a todo sentimiento de culpa que pueda sentir en ese momento.

Es un hecho evidente que la televisión que miras, las películas que ves, los periódicos que lees y la música que oyes hacen un impacto en tu forma de pensar, en especial, porque todas estas cosas llevan el mismo mensaje, un mensaje que apela a esos impulsos tan poderosos con que Dios te dotó. Pero ese mensaje no es tan potente como la opinión de algunos buenos amigos. El mensaje de la sociedad, cualquiera que sea, tiene que ser llevado a tu nivel. Por ejemplo: ¿Por qué crees que todas las chicas vienen a la escuela llevando el mismo tipo de zapatos? Ves los anuncios, pero lo que de verdad te vende el producto es cuando ves que tus amigas comienzan a usar esos zapatos.

El mensaje que te da la sociedad de que las relaciones sexuales son inevitables queda traducido de esta manera a tu forma de hablar. Tus mejores amigas están teniendo relaciones sexuales con sus respectivos novios. Una de ellas te lo cuenta todo hasta sonrojarte con los detalles. La otra lo considera una cuestión privada y aun cuanto tú aludes al asunto, ella da pocos detalles. Pero ninguna de las dos muestra señal de remordimiento, y ambas están tan envueltas en sus propias relaciones, que tú te sientes rara y pasada de moda. Sientes que no tienes tanto en común con tus amigas como antes. Te sientes tonta. A poca gente le gusta sentirse tonta e ignorante de lo que está sucediendo alrededor. ¿comprendes?

Pregunta: Quiero responder a la chica cristiana de quince años que le escribió diciendo que ella y su novio no se sentían culpables por tener relaciones sexuales. Cuando yo tenía catorce años me pasó lo mismo. Mi novio y yo asistíamos a una escuela superior cristiana. Ambos sabíamos que estaba mal tener relaciones sexuales antes del matrimonio, pero nos amábamos y pensábamos que esto sólo solidificaba nuestro noviazgo. Muchas veces tratamos de dejarlo, pero nunca duraba mucho, y nuestro noviazgo se hacía más y más fuerte. (?) Bueno, quizás —si es que esto significa hacer aumentar las exigencias que él me hacía de practicar el acto sexual en los peores lugares, sin consideración alguna de mis sentimientos. Cuando nuestro noviazgo flaqueó y él quiso terminar, yo no podía soportar la idea de tener que compartir *mi novio* con otra.

Bueno, aguantamos y seguimos adelante y cuando yo tenía dieciocho años y él diecinueve, nos casamos. Nunca peleamos ni discutimos. Nuestras únicas discusiones anteriormente habían sido precisamente acerca de las relaciones sexuales. Simplemente vivíamos juntos sin remordimientos pero también sin respeto a los sentimientos uno del otro, pues ese respeto lo habíamos perdido hacía mucho tiempo y ya las relaciones sexuales no significaban para nosotros, pues la santidad de las mismas la habíamos arrojado por la ventana. ¿Nunca has comido demasiado de la masa de un pastel, y luego cuando estuvo horneado el pastel ya no te interesaba?

Y así con todo esos años de rechazar las leyes de pureza de Dios, después de un año de matrimonio mi esposo me abandonó y se fue a vivir con una chica con quien trabajaba. No fue sino entonces, cuando me vi sola, rechazada, embarazada y quemada por el fuego que yo misma me encendí, que finalmente comprendí por qué la Biblia nos ordena que *esperemos*. ¿Cómo puede un hombre (o una mujer) honrar a Dios manteniéndose fiel al compromiso matrimonial, si no pudo honrarlo (ni uno al otro) antes del matrimonio?

Respuesta: Gracias por compartir tu experiencia aun cuando es aterradora. Tu carta es un triste recordatorio de que no estamos jugando y que nuestras opciones determinan nuestra vida. Recibo comunicación de muchas personas que toman sus decisiones acerca de su vida sexual, pero muy pocas veces recibo un relato más estremecedor de adonde pueden llevar estas decisiones.

Con todo no puedo estar totalmente de acuerdo con lo que dices en tu última línea. No siempre tenemos que segar lo que sembramos aun cuando por todo lo natural así debiera ser. El mensaje cristiano es de buenas nuevas. Jesucristo segó toda la muerte y destrucción que nosotros sembramos para nosotros. El murió por nosotros para que pudiéramos escapar de las consecuencias normales de nuestras decisiones: la muerte eterna y la separación de Dios. Siento compasión por ti cuando hablas de tu sentido de bien merecida desesperación. No tengo magia para que de pronto todo te vaya bien. El patrón que te estableciste, que tomó cinco años para concluir, puede tomar aun mucho más tiempo repararlo. Pero en la misericordia de Dios *es posible* pues El te ama y te cuida. Y lo que es más importante, El perdona a todos los que buscan su perdón. Hay un nuevo comienzo en El.

Otra traducción del mensaje de la sociedad: Vas a una fiesta con una amiga; en medio de la fiesta te das cuenta de que tu amiga falta. Buscándola te tropiezas con una habitación donde algo íntimo está sucediendo en la oscuridad, algo que definitivamente no te incluye a ti. Te escandalizas y te avergüenzas, y sales de allí como alma que lleva el diablo. Sin embargo, notas que, pronto al parecer a nadie más en la fiesta le sorprende lo que está pasando y te das cuenta de lo ingenua que has sido. A nadie le gusta ser ingenuo. ¿Comprendes?

Todavía una traducción más: Eres una chica a quien finalmente un muchacho que te gusta desde hace mucho, te invita a salir. Estás nerviosa y emocionada por el acontecimiento. Después de la película él te pregunta cuál es tu opinión acerca de las relaciones sexuales y tú le explicas que prefieres esperar hasta que te cases. El es un muchacho realmente amable y te respeta, pero sorprendido te dice que de veras "no creía que hubiese muchachas bonitas que todavía pensaran así". Te das cuenta de que no es sólo una adulación, sino que en verdad está sorprendido. ¿Comprendes?

El mensaje de la sociedad, llevado a tu nivel, por tus amistades no te obligarán a entrar en la acción. Por lo general, la presión de los iguales no es una pandilla de rufianes amenazantes que gritan a coro: *¡Hazlo! ¡Hazlo!* La presión de los iguales se hace evidente cuando te das cuenta de que todos los demás están haciéndolo o pensando en hacerlo en la primera oportunidad que tengan La presión de los iguales te obliga a ir en contra de tu conciencia, solamente planta la idea en tu cabeza y te indica cómo lograrlo. Es como, "Hay un pastel de chocolate sobre la nevera… si quieres".

Ese alambrado de alto voltaje que Dios puso en ti hará todo lo demás, tan pronto encuentres otra partícula cargada de energía con quien juntarte. A menos que algo te haga querer esperar.

Pero, ¿quién puede hacerte querer esperar?

EL DESEO FISICO
La mayor presión de todas está relacionada con el fuerte

deseo que Dios puso en tu cuerpo —el deseo vehemente de unirte a un miembro del sexo opuesto. Ese anhelo crece como el maíz en tiempo lluvioso cuando pones tu atención en una persona en particular. A esto se le llama estar enamorado.

Mira lo que alguien escribió:

Antes yo me oponía firmemente a las relaciones sexuales premaritales y las consideraba totalmente incorrectas. Hasta aconsejaba a mis amigas que venían a pedir mi opinión, que no tuvieran relaciones sexuales antes de casarse, pues estaba mal. Pero en ese entonces yo nunca había estado verdaderamente enamorada, ni apasionadamente atraída hacia ningún hombre. Una relación intensamente física cambió todo. Aquellos muros contra las relaciones sexuales premaritales que había levantado durante toda mi infancia quedaron debilitados. Ahora sé cuán débil puedo ser cuando estoy enamorada.

Cuando estás enamorada nunca estás demasiado cerca de él. Quieres estar junto a él hora por hora todos los días. El mero pensar en él te hace sentir cosquillas. Y ese vehemente deseo de estar cerca lleva muy natural y hermosamente hacia las relaciones sexuales. Esta es la más natural expresión de amor entre un hombre y una mujer.

Una chica me escribió lo siguiente: "A veces estoy tentada a realizar el acto sexual con mi novio por lo bien que me siento a su lado. Yo sé que él quiere también, pero me alegra que cuando le digo que no, o que pare, él no me hace sentir culpable. Pero hay veces que soy yo quien no quiere parar."

La Biblia llama a las relaciones sexuales "conocerse" uno al otro. En esto hay gran sabiduría, pues el acto sexual no implica meramente el placer físico. Es una forma de experimentar y expresar la más profunda intimidad posible. Cuando amas a alguien, quieres todo lo de él, su cuerpo y su alma. No quieres contenerte, y todas tus teorías de querer esperar hasta el matrimonio pueden irse de pronto por la borda.

AMOR DE ESTUDIANTE

Mucha gente trata de distinguir entre los sentimientos
superficiales y el verdadero amor. Hablan acerca de los
"amores de estudiante" y de los "caprichos amorosos". Y
dicen: "Espera el verdadero amor". Estoy perfectamente de
acuerdo en que hay diferencia entre el amor superficial y el
amor verdadero. Sin embargo, no creo que haya diferencia
alguna en los sentimientos de ambos. A la gente se le
olvida cómo se sentían cuando eran más jóvenes.

Un chico de séptimo grado que dice estar "enamorado" puede sentir el amor tan intensamente como un
adulto de veintisiete. Es inútil decirle que haga esperar el
sexo hasta que sienta el "verdadero" amor, porque el "amor
de estudiante" se siente igual que el "amor verdadero"
cuando eres tú quien lo siente.

Cuando estás enamorado es difícil creer que la
intimidad sexual, que te hace sentir tan bien, pueda ser un
error. La gente dice: "Nos unió más, no parecía sucio. Nos
sentimos bien y unidos".

Un chico escribió: "Es difícil comprender cómo algo
tan hermoso puede ser malo. Nos hace sentirnos tan
unidos, y es tan maravilloso".

"NO QUIERO PERDERTE"

*Hace casi siete meses que soy novia de Marcos. Soy
una cristiana que lucha por mantenerse fiel, pero él no
tiene religión. Yo me he propuesto mantenerme virgen
hasta el día de mi boda, pero él me presiona. Al principio
hablamos claramente y yo expuse mis reglas. Marcos dice
que me ama y me respeta, pero que no se puede contener.
Yo por mi parte me canso de resistirlo diciendo que no, y
me canso de explicárle que no es que no lo ame, pero se me
hace difícil no ceder porque no lo quiero perder y porque
sus deseos llegan a ser mis deseos.*

El amor puede crear presión sexual a través de uno

de los dos. La chica que acabo de citar no quería precisamente expresar su amor sexualmente, pero su novio sí. Ella no quería perderlo. Quería hacerlo feliz puesto que lo amaba. Quería que su relación con él fuera buena, y al parecer su resistencia sexual la hacía desdichada. ¿Por qué no ceder por el bien del noviazgo? ¿Por qué tanto problema? Lo que importa es el amor, ¿no es así?

El patrón es que los muchachos quieren relaciones sexuales y las muchachas amor, así que los muchachos dan amor (o por lo menos dicen "Te amo") a cambio de relaciones sexuales, y las muchachas dan sexo a cambio de amor. Muchas veces funciona así, pero no siempre. Por ejemplo:

Mi novia me ha estado presionando a tener relaciones sexuales con ella. Yo no creo en hacerlo antes de casarnos. Desde luego, es una tentación, puesto que soy humano, pero sé que me voy a sentir culpable si pierdo mi virginidad antes de casarme. Amo mucho a mi novia, pero temo que si no cedo a sus necesidades, nuestro noviazgo termine.

Mucha gente va en contra de sus propios principios y practican las relaciones sexuales con tal de mantener vivo un noviazgo. Esto parece importar más que los valores personales del individuo.

Tu cuerpo te lleva a la intimidad sexual. La sociedad te dice que es inevitable. Y el poder del amor puede ser abrumador.

Entonces, ¿por qué esperar?

CAPITULO CUATRO

Algunas buenas razones
para esperar

Algunos creen que el SIDA hará lo que toda la predicación del mundo acerca de la moralidad no ha podido hacer: Atemorizar a la gente como para que espere al matrimonio para tener relaciones sexuales. Es posible, pero francamente yo lo dudo.

La situación es en verdad alarmante: (1) Si te da SIDA te mueres; (2) El SIDA se transmite a través de las relaciones sexuales; y (3) La única y absoluta protección es tener un solo compañero sexual por vida, que a su vez no haya tenido otros compañeros sexuales. (Los clásicos "condones" que se anuncian mucho como la alternativa para poder tener "relaciones sexuales sin riesgo", no son lo que prometen. Una descripción más cierta sería "relaciones sexuales con menos riesgos").

El SIDA llama la atención como revólver puesto a la frente. Nunca se ha visto nada semejante. Pero de la misma manera vale aclarar que este fenómeno no es más que el último de una larga lista de enfermedades transmitidas por las relaciones sexuales. Entre ellas, otras también pueden ser incurables como las herpes, por ejemplo. Otras pueden ser mortales. La sífilis, aunque trabaja lentamente, con el tiempo causará daños al cerebro, locura y aun la muerte, si no se trata. Y por doscientos años no tuvo cura.

La clamidia, por ejemplo, es una infección que posiblemente no te des cuenta de que la tengas, porque sus síntomas iniciales son muy sutiles. Uno de los resultados

31

más comunes de la clamidia tanto para mujeres como para hombres es la infertilidad. Un buen día una muchacha se dará cuenta de que nunca podrá tener hijos y se enterará de que su problema comenzó con alguien hace tanto tiempo, que quizá ni se acuerde de su físico.

Las herpes son más evidentes: duelen, y es desagradable ver cuando de pronto aparecen en tus órganos genitales. Los síntomas van y vienen y el tratamiento alivia, pero la enfermedad está ahí para siempre. Médicamente no es tan seria en la mayoría de los casos, pero socialmente la es en extremo. Significa que por el resto de tu vida vivirás con el temor de infectar a cualquiera con quien te acuestes —incluso tu propio cónyuge. Trata de explicárselo entonces. De alguna forma le resta al romance, ¿no crees?

Las enfermedades venéreas no muestran ninguna señal de disminuir y los médicos siguen descubriendo nuevas (El SIDA, la clamidia y las herpes han surgido sólo recientemente como problemas graves, aunque la gente ha estado teniendo relaciones sexuales por siglos). Aun aquellas enfermedades que podemos curar, como la sífilis y la gonorrea, están propagándose en una proporción epidémica. Según estadísticas del gobierno de los Estados Unidos, los casos de enfermedades transmitidas a través de las relaciones sexuales se han triplicado en sólo seis años. Y la edad a que este crecimiento es más rápido es de trece a veintinueve años.

Pero las estadísticas no causan gran impacto. La gente no entiende que ellos pueden ser la próxima estadística. Es más, ni siquiera piensan en ello, como esta chica:

Una amiga bien intencionada interesada en mi vida sentimental me presentó a J.J. Para empezar, él no era el tipo de hombre para mí, principalmente porque no era cristiano. Pero era muy atractivo y encantador, y desde luego, me gustó la atención que me daba. Salimos un par de veces mientras yo vacilaba entre el bien y el mal. Desde luego, el único interés de él era terminar en la cama, y para hacer la historia corta, eso fue lo que pasó. Unos días después, llevada por la vergüenza y la culpabilidad, terminé mi relación con él y le pedí que no me llamara más. Le pedí perdón al Señor y traté de olvidar el incidente.

Ahora el problema. Hace dos semanas me enteré de que tengo herpes. Todo mi arrepentimiento y todo mi llanto no pueden deshacer lo que ha sucedido. He llorado noches enteras sintiéndome sucia, barata e inmerecedora del amor de Dios, ni de nadie.

Solamente he tenido una erupción benigna de herpes, y mi médico me dice que en el 50 por ciento de los casos nunca vuelve, pero esto no es garantía. ¿Qué pasará cuando encuentre el hombre que yo crea que es para mí y al que quiera unirme para siempre? Tendré que hablarle de este incidente y de las consecuencias. ¿Puedo pretender que me perdone, aun cuando sea una gran lucha para él?

El temor de pasar por la misma experiencia debe ser suficiente para hacer pensar a cualquiera. Pero ¿lo piensan? Yo lo dudo. Después de todo, "eso no me va a pasar a mí".

¿ESTAS EN UN HOYO?

A menudo me encuentro con la diferencia de enfoque que hay entre lo que la Biblia ofrece y lo que el mundo cree que ofrece.

Mucha gente no cristiana ve el mundo como un precioso campo verde con unos cuantos hoyos hondos y peligrosos que evitar. Al pensar así, creen que los cristianos han catalogado las relaciones sexuales fuera del matrimonio como uno de esos hoyos peligrosos y profundos. Y ahí está su discrepancia con nosotros, ya que pueden ver con sus propios ojos que la gente que practica las relaciones sexuales antes del matrimonio no desaparecen por un hoyo. Al contrario, con frecuencia siguen adelante con su vida más o menos igual que todo el mundo. Su conclusión lógica es que los cristianos no tienen razón, y que las relaciones sexuales fuera del matrimonio no son uno de esos hoyos profundos y peligrosos.

Pero lo que ellos creen que los cristianos dicen no es lo que la Biblia dice. La Biblia sí describe el mundo como Dios lo hizo, un hermoso campo verde. Pero no andamos corveteando por todo ese campo. Ya estamos metidos en un hoyo. Es más, toda la raza humana nació en un hoyo a causa de su obstinada rebelión contra Dios. Esto se ve claro en la ira, los celos, las promesas rotas, el egoísmo y la malicia que a menudo afectan nuestro pensar. Y en lo que a nuestra sexualidad respecta, ésta también está "metida en un hoyo", como lo demuestran las relaciones rotas, las infidelidades, soledades y la falta de amor.

Jesucristo vino al mundo para permitirte escapar de ese hoyo en lo sexual. El quiere que un hombre y una mujer experimenten esa relación de profunda entrega, de espontáneo gozo y encanto que Adán y Eva disfrutaron. Pero esto no es fácil lograrlo y solo no podrás nunca. Hay ciertas actividades que impiden todo intento, y una de ellas son las relaciones sexuales fuera del matrimonio. Cuando haces esto, no caes en el hoyo, te *quedas* dentro. Tiendes a continuar con las relaciones ordinarias y sin compromiso que sólo buscan la propia satisfacción. Es poco probable que llegues a la clase de amor que dura para siempre.

Dios creó el placer sexual para nosotros. Lo hizo para que sellara una relación amante totalmente comprometida, segura, duradera y exclusiva —el tipo de relación amorosa a la que se la llama matrimonio cristiano. Sí, es cierto que nadie en la tierra ha podido vivir a la altura que Dios quiere que viva. Pero algunos se mueven en la dirección correcta. Otros se conforman con seguir viviendo en su hoyo.

LAS RELACIONES SEXUALES PRODUCEN NIÑOS

Ahora que estamos hablando de horribles posibilidades, añadamos una que es casi tan mala como el SIDA: Un embarazo indeseado. Se supone que el nacimiento de un niño sea un evento de extrema felicidad —la más emocionante experiencia para dos padres enamorados. Pero para una chica joven y soltera puede convertirse en una tragedia de primera categoría. Si continúa la ola presente, dos de cada cinco adolescentes quedará embarazada por lo menos una vez antes de cumplir veinte años. Para ser francos, el embarazo puede arruinar y a menudo arruina tu vida.

En primer lugar, pierden el amor. Por lo regular el chico sigue con ella durante el aborto, o a veces durante el parto. Anda por la clínica preocupado, responsable. Pero esto raras veces dura más allá del fin del embarazo. Si hubiera querido la responsabilidad, se habría casado. Se puede amar a una madre con un hijo, pero no es lo mismo que ser novios. Adiós querida.

Si la chica aborta, esto generalmente mata el amorío también. Para la muchacha es un evento traumatizante. Casi siempre tiene una tremenda sensación de responsabilidad o de culpabilidad. A menudo se cree una asesina. De repente se hace clara la gravedad de lo que está haciendo. *Las relaciones sexuales* no son nada de risa ni de juegos. Es algo en que está en juego la vida o la muerte. No importa cuánto trate, el muchacho siempre estará al margen de este drama y es difícil que comprenda. Muchas veces no quiere afrontar el problema. Se da por vencido y sigue su camino, dejando a su novia sola y desamparada.

Además de perder el amor, hay otra pérdida mucho más significativa —el futuro de la muchacha. Para una adolescente, un niño es un desastre en su vida, que por lo general, la saca de la escuela y la arroja en una situación de dependencia (bien de los padres, del bienestar social, o de ambos). ¿De qué otra manera puede criar a su hijo? Alrededor de la mitad de las madres que dependen del bienestar social del gobierno, tuvieron su primer hijo cuando eran adolescentes. Estas mismas madres adolescentes tienden a tener problemas personales más tarde. Por ejemplo, si se casan, es mucho menos probable que su matrimonio dure. Tener un niño siendo adolescente es devastador para la madre, por lo regular también para el niño, puesto que él tiene que vivir con una madre infeliz.

En realidad no hay soluciones agradables para un embarazo fuera del matrimonio. Muchas chicas tienen sus hijos y en vez de tratar de criarlos, los dan para ser adoptados, para ellas poder volver al colegio y seguir adelante con su vida. Pero muchas veces el remordimiento las persigue. Por naturaleza una madre da su vida por un hijo. Al darlo para ser adoptado, va en contra de la naturaleza, y por muy acertado que parezca, duele profundamente, y continúa doliendo por mucho tiempo.

Un aborto es más fácil que un parto, desde luego. Pero los recuerdos no son sencillos. Ha muerto un niño y ha sido tu responsabilidad. No lo podrás olvidar nunca. Este dolor también echa raíces profundas y puede que nunca sea sanado del todo.

Pero ¿para qué seguir? El embarazo atemoriza a la mayoría de las adolescentes, y cuando una chica se atrasa un par de días en su regla, se enferma de miedo. Sin embargo año tras año los estudios nos dicen que la mayoría de los jóvenes activos sexualmente ni siquiera usan anticonceptivos. Podría seguir multiplicando los horrores, pero ¿para qué? ¿Podré convencer a alguien? Si no usan anticonceptivos, ¿quién podrá hacerlos desistir por completo de tener relaciones sexuales?

LA GENTE NUNCA SE ATEMORIZA LO SUFICIENTE

El sentido común nos dice que el SIDA debería convencer a muchos de que el único lugar para las relaciones sexuales es en el marco del matrimonio. ¿Quién quiere morirse? El sentido común también nos dice que el temor al embarazo debería hacer lo mismo. Pero nadie se atemoriza del sexo con facilidad. Por cientos de años la sífilis fue mortal también, pero eso no arrasó con la prostitución. El deseo sexual es muy básico y muy fuerte, y todos piensan que los desastres sólo les ocurrirán a otros. Piensan que nunca envejecerán, que realmente nunca habrán de sufrir daño.

Vale mucho saber las verdaderas consecuencias de las relaciones sexuales fuera del matrimonio. Nos recuerdan que la imagen que se nos presenta en la televisión y en las películas omite mucho —omite el dolor, la soledad, las vidas arruinadas, la infertilidad, las enfermedades y la muerte. Las verdaderas, consecuencias pueden hacerte detener y pensar —¿sé lo que estoy haciendo? El sexo es una cuestión de vida o muerte. ¿Puedo darme el lujo de seguir la corriente?

Con todo aun cuando el temor llama la atención de la gente, no parece mantenerla contra los poderosos impulsos de la sexualidad. Quien pretenda esperar y controlar los poderosos deseos sexuales que Dios le dio, va a necesitar algo más que miedo. Necesitará un motivo duradero, que se haga más fuerte con el paso de los días.

CAPITULO CINCO

La ilusión

El temor llamaría la atención de muchos, pero yo prefiero la esperanza para motivar cualquier esfuerzo sostenido.

Cuando yo estaba en la escuela secundaria, practicaba baloncesto por horas. Recuerdo que no me gustaba practicar. Casi siempre estaba solo, por lo regular me sentía frustrado porque fallaba los tiros tan a menudo. Pero seguía tratando. ¿Por qué? Porque tenía la esperanza de que me aceptaran en el equipo del colegio.

Uno practica un deporte con la esperanza de alcanzar el éxito y la fama. O hace sus tareas con la esperanza de graduarse, de conseguir un buen empleo y triunfar en su carrera. El temor a los gritos del entrenador o de sus padres sólo logra un poco. Continuarás esforzándote, semana tras semana, solamente si crees que eso te llevará a ver realizados tus sueños. La esperanza es también la que te alienta a cepillar tus cabellos con tanto cuidado, a escoger tus ropas con tanto ahínco, y a preocuparte por tu apariencia continuamente. Crees que eso es importante y esperas que te lleve a la pareja de tus sueños y finalmente al amor.

Esa esperanza a menudo lleva a las relaciones sexuales. Al fin juntos. Una pareja perfecta. Con esto soñaste, por esto te esforzaste. Y estás embriagada de sentimientos de emoción. Por fin alguien te comprende, te escucha y se preocupa por ti. Cuando te besa te sientes en la luna, y cuando te acaricia, ni pensarlo. Casi no te puedes contener con esto, y a lo que todo eso lleva —el clímax de los sentimientos del deseo físico de la unión del alma— es el coito. El acto sexual con alguien a quien amas —¡qué placer! Quisiera preguntar: Ya que con frecuencia muchos despiertan del sueño por la mañana con dolor de cabeza y una sensación de culpa, ¿es suficiente la esperanza? Vamos a seguir soñando.

IMAGÍNATE EL CIELO EN LA TIERRA

Imagínate las condiciones externas. ¿Una playa? ¿Una cabaña en un lugar apartado? Una privacidad totalmente solos, sin nadie que interrumpa tus escenas de amor. Añadale una cocina bien surtida en caso de que sientan hambre. Una sala para tenderse a pierna suelta. ¡Sueña con la misma luna! Una casa entera, desocupada, solamente para ustedes, para hacerse el amor día y noche. Decorada en el estilo que los dos desean. Un buen tocadiscos estereofónico y una videocasetera, si les gusta relajarse con la música y las películas.

Supón que sueñas no sólo con una noche o un fin de semana con tus padres lejos, sino con mil y una noche. Imagínate que tengas una oportunidad de éxtasis cada noche por diez años seguidos, o treinta. No volverás nunca más a casa. Despiertan juntos en la misma cama en que se acostaron, noche tras noche tras noche.

Sigue soñando. Imagínate no tener miedo. Sin posibilidades de quedar embarazada sin desearlo. Sin posibilidades de contraer una enfermedad.

Y sin la preocupación de tener que esconder de nadie lo que estás haciendo. Es más, pueden levantarse, darse un baño, vestirse juntos y salir a la iglesia del brazo. Si quieren privacidad, la tienen. Si quieren amigos alrededor, no se sentirán incómodos en absoluto. Y cuando los amigos se vayan, pueden reanudar sus relaciones amorosas nuevamente. Tienen todo el tiempo del mundo en sus manos.

Sueña hasta el límite: pueden practicar y practicar y practicar, sin parar. Los expertos en materias sexuales aseguran que las parejas necesitan años para llegar al máximo de su vida sexual. No se alcanza un gran logro sexual en un par de fines de semana. Pero esto es una ilusión: no hay límite de tiempo. Te haces tan bueno como desees. Sin apuros.

Pero hasta aquí tu sueño incluye un solo aspecto de la ilusión: el físico. Lo mejor del amor depende de con *quién* estás y no sólo *cómo*. Así que imagínate que has encontrado el mejor amante del mundo. Sueña todo lo que quieras.

El mejor amante —para ti
¿Qué cualidades deseas que tenga esa persona especial? ¿A *quién* deseas?

No una estrella de cine, sino una persona real de carne y hueso que habla contigo, sale a pasear contigo, ríe contigo, trabaja a tu lado.

Alguien a quien te agrada mirar.

Alguien con quien te gusta estar, porque te sientes bien a su lado y se divierten juntos.

Alguien que trae a la superficie lo mejor en ti.

Alguien que piensa como tú sobre las cosas importantes.

Alguien con quien pudieras conversar la vida entera.

Alguien a quien admiras por su integridad y ternura.

Alguien que te ama a quien le confías tu vida.

Encontrar alguien así requeriría mucho cuidado al elegir. Pero imagínate que ya lo hiciste. Después de mucho pensar se han elegido uno al otro para este maravilloso experimento de amor. No hay duda. No hay nada mejor que esto.

Vienen con un compromiso total de amarse uno al otro y no dejarse nunca. No hay lugar para celos ni inseguridades, ni hay necesidad de preocuparte por lo que la otra persona piensa porque lo sabes. Te ama sin reservas y no te dejará nunca. Esta persona te ha elegido por siempre y sabe cumplir su promesa.

Las condiciones son perfectas para que este amor continúe creciendo toda la vida. Tienen todo el tiempo para ello. Tienen libertad sexual. Pueden ser sinceros uno con el otro, sin temor a que si tu pareja supiera ese oscuro secreto de tu vida te dejaría. Pueden compartir sus pensamientos. Quieren compartir las posesiones. Ahora trabajan juntos —para construir un hogar, servir a Dios, criar sus hijos. Ser compañeros de trabajo los une tanto como ser amantes. Resuelven los problemas juntos —cómo usar el dinero, dónde ir de vacaciones— y así crecen juntos. Su amor se hace más profundo.

Una cosa más. Si pudieras de verdad vivir este sueño, si encontraras la persona ideal y estuvieran ambos listos, ¿no sería lógico empezar con la fiesta más grande que jamás hayas visto? ¿Invitar a todos tus amigos? ¿Tu familia? ¿Vestirte de gala? ¿Celebrar y sellar la solemnidad del momento con una reunión de alabanza a Dios, pidiéndole por la felicidad futura de los dos?

Es una ilusión hermosa. Se llama matrimonio —como lo planeó Dios.

El hecho más increíble es éste: Algunos logran experimentar todo esto. No es sólo un sueño, puede ser una realidad.

La ilusión del matrimonio es la única esperanza lo suficientemente poderosa que hace esperar a tener relaciones sexuales. Sólo ella pone todas las piezas de la sexualidad en su debido lugar. Sólo ella hace que valga la pena esperar.

¿Se puede llegar allí, desde aquí?

Dios nos dio esta ilusión al nacer. Es parte de nuestra naturaleza acariciar la esperanza de esa relación amante, íntima y permanente con alguien del sexo opuesto. Por eso es que hay tantas canciones de amor. Por eso es que hasta los cínicos se emocionan con una película romántica. No importa cuánto se endurezca una persona, siempre guarda en lo recóndito, un anhelo por esta clase de amor.

Sin embargo, la ilusión puede quedar enterrada —como una chispa en las cenizas de una hoguera casi apagada. Esto le está pasando a muchos. Todavía guardan la ilusión en el alma, pero ya dejó de ser una esperanza. Es sólo un deseo. Un romántico sueño imposible de realizar.

Hace mucho tiempo esta ilusión parecía real y vívida. En aquellos días las chicas guardaban cosas en el "baúl de la esperanza" y los chicos las "cortejaban". El objeto de las relaciones entre hombres y mujeres era evidente: Se enamoraban, se casaban y tenían hijos. Esos eran los planes de todo joven. No que todo el que se casaba vivía la ilusión, pues entonces, igual que ahora, había mucha gente infeliz, solitaria y amargada. Pero por lo general entonces no se divorciaban; seguían casados —bueno, más o menos.

Aun así la ilusión era lo suficientemente real para la mayoría, como para estar dispuestos a darlo todo por mantenerla. Veían los riesgos, pero estaban dispuestos a vencerlos.

La gente todavía· habla del matrimonio con una chispa de esperanza en los ojos, pero la ilusión está nublada. Cuando miran a su alrededor y ven que tantos viven juntos sin el beneficio del compromiso, y cuando ven tantos matrimonios rotos, es difícil poner la mira en la ilusión. Todavía está ahí, pero lejos, indistinto. Ya no hacen planes para alcanzarla, sino esperan quizá tener la suerte de lograrla.

La gente se ha vuelto casi fatalista acerca del amor. Juran mantenerse juntos "hasta que la falta de amor nos separe" —como si dejar de amarse fuera tan casual como agarrar un catarro. La gente se divorcia porque dice que se han apartado uno del otro y han descubierto que son incompatibles. Cuando esto sucede simplemente es una lástima. A una relación no se le puede dar algo que no se siente, así que cada cual va por su camino.

Sin embargo, esta ilusión no depende de la suerte para su realización. Puedes lograrla si eres persistente y oras por ella, y si en vez de poner toda tu atención en los sentimientos del amor, la pones en la clase de carácter que el amor duradero exige.

No tienes que medir dos metros de altura para lograr realizar tus sueños de matrimonio como Dios quiso que fuera. No tienes que ser muy inteligente. Ni siquiera tienes que tener gran atractivo físico. Casi siempre es la gente más simple la que realiza sus sueños. Mucha gente extraordinaria no lo logra.

Ahora bien, esta ilusión exige ciertas cosas de ti. Vale la pena, pero cuesta.

Pregunta: Hasta hace alrededor de una semana yo me reía de sus consejos. Era de los llamados "semicristianos". Usted los conoce —creen que son cristianos hasta la coronilla, pero en realidad lo son sólo cuando les conviene. El acto sexual hace sentirse bien, y si hace sentirse bien, no debe ser malo. Esos sabelotodos estirados que dicen que se espere, están celosos porque ellos no pueden. Y ¿nadie ha oído de la revolución sexual? Te rodeas de amigas, las llevas de paseo y se acuestan juntos cuantas veces quieran. Para eso están ellas, tú lo sabes y ellas también. Y ¿qué de las fiestas? Te emborrachas y la pasas de lo mejor. Después de todo éstos son tus años de estudiante, y éstas son las cosas que se hacen cuando eres joven.

Así es. Mi vida se resumía en un sólo párrafo.

Pero la moneda tenía otra cara también. La que me hacía semicristiano. Yo creía en Dios y había aceptado a Cristo como mi Salvador. Hacía todo lo posible por obedecer los mandamientos —por lo menos los que me convenía obedecer entonces.

Pero ahora todo eso ha cambiado. Llevé a una chica al cine y después íbamos a ir a una fiesta. Por su manera de actuar era evidente lo que ella tenía en mente para la noche. Fue la típica rutina hasta que llegamos a la fiesta. De pronto sentí miedo. Un gran temor. Y sobre todo, me sentí culpable. Tenía que desaparecer. Inventé una excusa para irme y salí corriendo hasta mi casa.

Cuando llegué necesité sentarme y pensar. La revista *Campus Life* estaba junto a mí, así que la tomé y comencé a leer. Entonces todo lo que usted dice cobró sentido. Me estaba engañando a mí mismo. Estaba practicando relaciones sexuales porque me sentía solo y parecía la forma más fácil de obtener atención. Lo extraño era que mientras más lo hacía más solo me sentía. Sin embargo Dios me estaba otorgando una segunda oportunidad. Me amaba y se ofrecía para ser mi amigo especial. Yo había sido un necio, pero lo sería más si no aceptara su oferta. Así que la acepté.

A causa de aquello perdí algunos "amigos", pero he adquirido otros —amigos que me aman por lo que soy y no por lo que hago. Gracias por ayudarnos a mí y a otros a ver el camino. Y gracias, Dios mío, por ofrecerte a ser mi amigo.

Respuesta: Me complace mucho tu carta, no sólo por tu agradecimiento, sino por el mensaje que das. Estoy seguro que muchos que luchan por seguir la senda cristiana se preguntan a veces si vale la pena o no. A veces se sienten tentados a envidiar aquellos que van de fiesta en fiesta parecen siempre tan felices y confiados, parece que se divierten tanto

Pero hay más en lo que concierne a tu relato. Tú nos has contado sólo una parte. El camino que has escogido lleva no sólo a verdaderas amistades, sino a la verdadera realización sexual en el futuro. ¿Y el que dejaste? Creo que ya tú experimentaste lo mejor que tiene para ofrecer. Y no lleva a ningún lugar.

CAPITULO SEIS

Lo que la ilusión requiere

Piensa nuevamente en el sueño del capítulo anterior y verás que algunos de los requisitos están incluidos dentro del mismo. Por ejemplo, una aventura de una noche, por maravillosa que sea, no llena los requisitos del sueño. Si una noche es buena, ¿dos no serán doblemente mejor? Y mil noches, ¿no sería mil veces mejor? Evidentemente, una vida entera juntos será entonces lo ideal. Esa es la ilusión, el mejor amor que dos seres humanos son capaces de dar.

Requisito 1: La ilusión es para siempre. Si de veras persigues la ilusión, te *comprometerás* para toda la vida, y no sólo tendrás la esperanza de entrar en ella por suerte. La gente en esta ilusión nunca dice adiós.

A veces, como no somos perfectos, la ilusión puede pasar por períodos de sequía. Eso es una realidad para los seres humanos. El compromiso te ayuda a salir adelante, de modo que puedas luego segar la felicidad en el otro lado. No se debe permitir que el hecho de que puedan haber tiempos de sequía emocional y te sientas deprimido por varios días, arruine la ilusión.

Si no puedes hacer este tipo de compromiso, no estás listo para vivir la ilusión.

Requisito 2: La ilusión requiere un amor sacrificado. Cuando dos personas se enamoran, no necesitan que se les diga que demuestren solicitud uno por el bienestar del otro. Siempre están pensando el uno en el otro y nada que uno hace por el otro es suficiente. Esto hace felices a ambos. Pero tristemente esa solicitud no dura mucho. Después de un tiempo cada uno regresa a su egoísta preocupación por sí mismo. Por eso debe haber un compromiso que mantenga fuerte esa solicitud por el bien del otro y que mantenga la felicidad fluyendo. Este compromiso significa que pones las necesidades de tu pareja antes que las tuyas. Que debes dar aun cuando no tengas ganas. Este es el verdadero amor, no un simple sentimiento. Es algo mucho más fuerte que un mero sentimiento. Es suficientemente fuerte para sostenerte cuando atraviesas ríos profundos.

Requisito 3: La ilusión no debe tener competencia. La ilusión debe vivirse con una sola persona. Trata de hacerlo con dos, y ¡paf!—la ilusión desaparece.

Te puedes dar por completo a una sola persona. Dale sólo un poco de ti a una segunda persona y automáticamente no te estás dando completo a la primera. Esto es aritmética. Esta exclusividad se aplica en cuanto al tiempo también. No se deja una pareja de la ilusión hoy y se comienza con otra mañana como si no hubiera diferencia. La pareja antigua se queda contigo y su recuerdo permanece y compite con la nueva, sobre todo cuando han tenido relaciones sexuales. En estas relaciones te entregas en cuerpo y alma a otra persona. *Te entregas,* no te prestas. Esa persona se queda con algo de ti y tú con parte de ella, aun cuando no se vuelvan a ver jamás. Son como fantasmas que rondan uno la vida del otro.

Requisito 4: La ilusión debe comenzar con un momento en que hagas un compromiso total. No puedes entrar en ella suavemente. En un momento dado estás indeciso, pensativo. En el siguiente estás metido en ella para siempre.

Naturalmente, antes de comprometerte mantienes una relación, posiblemente una relación romántica. Pero ésa no es la ilusión. Mientras que sea una relación a prueba, no te puedes entregar por completo. Tienes que retener algo. Debes mantener tu independencia. Después de todo, esa relación puede terminar mañana. Sin embargo, cuando al fin te entregas a la ilusión no puedes guardarte nada para ti. Y entre el estado de no-compromiso y el estado de compromiso total hay un instante específico. Un momento aún puedes volver atrás, y el próximo, estás comprometido.

Es como estar parado en lo alto listo para dar un salto de esquí. Naturalmente, si es un salto difícil, vas a tener miedo. Has sabido durante todo el día que ibas a hacerlo. Pero aun en el momento de inclinarte para saltar, sabes que si quieres todavía puedes volverte atrás. Puedes deslizarte por algún otro lado. Entonces, respiras hondo, y te lanzas.

Así es el matrimonio. En un sentido las relaciones crecen gradualmente, casi sin darte cuenta, conforme se acercan más el uno al otro. Pero el compromiso total no crece gradualmente, es súbito. Un momento no existe, y al otro sí.

Muchos piensan que están más comprometidos que lo que en realidad están. Yo pensaba así antes de casarme. Ya estaba planeada la boda y las invitaciones habían sido enviadas. Los dos teníamos cerca de treinta años, por lo que nos considerábamos mayores y maduros. Sin embargo, dos semanas antes de la boda, estando yo sentado en un tronco en un bosque de montaña, escuché a mi amada decirme sollozando que no sabía si estaba preparada para el matrimonio.

Nos casamos y hemos vivido un matrimonio tan feliz como pueda yo imaginarme la felicidad. Pero nunca olvidaré el súbito relámpago de temor que paralizó mi corazón cuando entendí una cosa aquel día: No estás casado hasta que te casas. El compromiso total sucede en un momento específico, nunca un segundo antes.

¿ES REALMENTE UN SUEÑO EL MATRIMONIO?

Estos requisitos parecen difíciles de llenar. Cuando estás soñando con un amor y un placer interminables, no quieres pensar en compromisos y deberes. Y a veces eso es lo que el matrimonio parece —una larga lista de normas y expectativas.

No siempre la gente casada actúa como si estuviera viviendo una ilusión. Es más, a veces parecen estar aburridos y cansados. ¿Es un sueño realmente el matrimonio?

No precisamente, no.

Pero puede serlo.

Si yo pretendiera afirmar que todas las personas casadas viven su ilusión, y experimentan la realización sexual total para la que Dios las creó, me merecería que me pusieran en una institución mental. Mucha gente casada vive una vida miserable y muchos de ellos no han experimentado un éxtasis en años.

El matrimonio no es la ilusión, es el fundamento de la ilusión. Te da una oportunidad, la mejor, para vivir al máximo tu potencial de amor sin fronteras y de éxtasis sexual.

Aunque es verdad que no todos experimentan todo su potencial, también es cierto que muchos sí.

El matrimonio prepara las condiciones para experimentar al máximo las relaciones amorosas y sexuales. Pero no las garantiza. Esto depende de ti. Vivir la ilusión depende de la calidad de tu carácter. ¿Puedes amar realmente a alguien aunque te duela? Y la persona que amas ¿podrá amarte de la misma manera?

Responder a estas preguntas toma una vida entera. Vivir la ilusión toma una vida entera.

Pero no tendrás la oportunidad, a menos que llenes los requisitos básicos: Un compromiso de por vida, un compromiso de amar sacrificialmente, un compromiso de amar a una sola persona, y un simple momento para tomar la decisión.

CAPITULO SIETE

Pero, ¿y ahora qué?

Quiero ser franca acerca de esto, así que por favor comprenda. Hace unos nueve meses mi novio y yo tuvimos relaciones sexuales por primera vez. Desde entonces lo hemos hecho muchas veces, creciendo cada vez en nuestra intimidad y en nuestra disposición de experimentar. Nos ha acercado mucho uno al otro. Ahora que sé cómo es la relación sexual, me parece que realmente no es para tanto. Antes yo creía que tener relaciones sexuales antes del matrimonio era terrible, pero ahora no parece absolutamente malo.

El matrimonio es *algún día*. El sistema que Dios te dio dice: *Ahora mismo.*

¿Es posible disfrutar de unas relaciones sexuales amorosas y hermosas con tu pareja hoy y todavía hacer en el futuro ese gran compromiso para el matrimonio? ¿Por qué debe interferir una cosa con la otra? Para poder hablar de esto más prácticamente, veamos un caso típico.

RICARDO Y JUANITA

Ricardo y Juanita se enamoraron durante la clase de química. Juanita se fijó primero en él. Aunque siempre había preferido chicos altos y delgados, aquello pronto quedó en el olvido. Ricardo era un atleta de mediana estatura y musculoso a tal punto que parecía que el cuello se le desaparecía en los hombros. Habían conversado un día después de clase, y al llegar la medianoche ella se dio cuenta de que no había dejado de pensar en él todo el día. Le había llamado la atención su buen humor, pues no sabía que un atleta pudiera tener la virtud de no tomarse en serio.

Al día siguiente en la biblioteca, Juanita se sentó al lado de Ricardo y le pidió ayuda para resolver un problema. De ahí en adelante se las arregló para hablar con él cada vez que tenía la oportunidad. Tres semanas más tarde empezó a llamarla por teléfono.

Antes que pasara un mes ya salían juntos cada fin de semana, en ocasiones dos veces. El la invitó a visitar su iglesia y pronto estaban profundamente enamorados. había en ello algo físico también. Había muchas hormonas volando por lo alto. El sentimiento de que estaban hechos el uno para el otro. Les gustaban las mismas cosas y podían hablar el uno con el otro con entera franqueza, ¡y Ricardo era tan tierno y tan caballeroso! La llamaba sólo para decirle cuánto la amaba, le traía caracoles de la playa. Pronto estaban ya en una fase que sobrepasaba los besos y el andar tomaditos de la mano. No parecía malo, más bien parecía algo tierno, íntimo, romántico. Nunca era demasiado el tiempo que pasaban juntos. Hablaban vagamente del matrimonio, algún día.

Pero la pregunta más inmediata era cuándo iban a ir "hasta el final", Ricardo era el que más titubeaba. Habiéndose criado en el cristianismo aceptaba la enseñanza de que las relaciones sexuales estaban destinadas para el matrimonio. Su fe significaba mucho para él. Juanita, cuya madre a veces invitaba hombres a su casa, estaba menos preocupada. Aunque todavía era virgen, hacía tiempo que daba por seguro que dejaría de serlo alguna vez con alguien. Su madre debía salir en viaje de negocios fuera de la ciudad el fin de semana anterior al cumpleaños de Ricardo, y ella pensó que sería un buen regalo para él y para ella —tener entonces su "primera vez juntos", y así se lo propuso. Puedes imaginarte cómo Ricardo se quedó sin respiración de sólo pensarlo.

Pros y contras

¿Cuáles son las cosas que Ricardo y Juanita deben considerar? ¿Qué problemas hay?

No hacen falta argumentos a favor del acto sexual. La electricidad habla por sí misma. Si se tratara de un encuentro sexual fácil u ocasional, podría ser más difícil de justificar. Pero estos dos se amaban y ya no se los puede considerar niños. Puesto que ambos son vírgenes, no hay peligro de enfermedades. Desde luego usarían alguna forma de contraceptivo. ¿Por qué no hacer lo que están diseñados para hacer? ¿Por qué no llevar su amor hasta el final?

Probablemente se sentirían extasiados. Probablemente les daría un tremendo sentir de unidad. (Desde luego, nadie puede garantizarlo. El acto sexual, según muchos afirman, puede ser doloroso, y puede confundir. y producir un sentido de culpabilidad). Pero, al menos por el momento, de seguro satisfacería sus deseos sexuales.

Estas son razones poderosas para seguir adelante. Así, los argumentos a favor de la espera tienen que ser más fuertes. Más fuertes que la biología y más fuertes que el deseo sexual natural.

La única fuerza tan poderosa que existe es la ilusión.

Ya ellos habían comenzado a pensar en ella, a soñar vagamente. Este embeleso en que están no tiene que terminar. Puede que no sea necesariamente un simple amor de adolescentes. Su amor apenas está despertando en ellos. Los dos están comenzando a abrigar la esperanza de algo más grande que seguir siendo novios. Están empezando a tener la esperanza de la ilusión. Y no quieren que el desengaño los saque de ella bruscamente y descubran que todo era una broma. Quieren vivir la ilusión por siempre.

¿Qué significa esto para Ricardo y Juanita? Simplemente que deben mantener las relaciones sexuales fuera del cuadro hasta que estén listos para casarse. ¿Por qué? Por dos razones: para proteger la persona a quien están aprendiendo a amar, y para engrandecer el amor que están comenzando a experimentar.

LA PROTECCION

Cuando amas a alguien, quieres proteger esa persona de todo peligro —incluso de cualquier posible daño que *tú* puedas causarle. Los amantes inmaduros no se preocupan por la protección. Van a mayor velocidad, hablan del sexo a la ligera y hasta disfrutan hiriendo un poco a su pareja. Los verdaderos amantes aminoran la velocidad, defienden la reputación de su pareja y tratan de no ofender nunca al hablar.

Esperar hasta casarte para tener relaciones sexuales es la mejor protección que puedes ofrecer a la persona que amas.

Protección del embarazo

El embarazo puede ser desastroso, sobre todo para una chica. Puede arruinar su vida. Y puede arruinar el de los dos.

Pero Ricardo y Juanita usarán contraceptivos, ¿no elimina eso este problema?

No, no lo elimina. El único contraceptivo completamente seguro es la abstinencia. Todos los demás métodos fallan con regularidad. (Pregunta a los matrimonios que conoces cuántos de sus hijos fueron planeados). El condón, por ejemplo, que es el método contraceptivo más popular entre los adolescentes (y el más eficaz en controlar la contaminación de enfermedades como el SIDA), tiene una tasa de un 10 por ciento anual de inefectividad. Esto significa que si los usas, estás expuesto a un riesgo de un uno por diez, de que al cabo del año tengas un niño en tus manos. Claro que esto es mucho mejor que las probabilidades de no usar nada, pero un diez por ciento al año no es más seguro que una pistola cargada con una bala y nueve salvas. Cuando estás hablando de un desastre de esta magnitud "bastante seguro" no es suficiente. ¿Cuánta protección debes dar a la persona que amas? Toda la que te sea humanamente posible.

Si están enamorados, querrán protegerse uno al otro —y proteger ese amor creciente que se tienen— del desastre de un embarazo indeseado. Pero extrañamente, pocos chicos usan ni siquiera métodos contraceptivos propensos a fallar. Los estudios indican que saben dónde conseguirlos, pero no les gusta pensar en esas cosas con anticipación. Si no se preocupan por protegerse en este sentido básico, ¿Cuánto se aman en realidad? No hay duda de que *sientan* que se aman grandemente, pero el amor es más que sentimientos.

Por supuesto, Ricardo puede decirle a Juanita con toda sinceridad: "No te preocupes, yo te amo, y si algo sucediera, nos casamos", Pero aun cuando él cumpliera su promesa, eso tampoco sería buena protección. En tiempos antiguos existía la mentalidad de que un hombre era responsable de casarse con una mujer embarazada por obra de él. Quizá, pero con frecuencia esto no resultaba muy ventajoso. Para vivir la ilusión, debes casarte cuando estás lista. Y "estar lista" no significa "ser capaz de concebir una criatura". La gran mayoría de estos matrimonios relámpagos terminan rotos. Esto, en vez de un sueño, es una pesadilla.

No existe protección absoluta alguna contra un desastre como éste, excepto esperar hasta el día de la boda. Ricardo le debe a Juanita esta protección, y viceversa. Y ambos se la deben al amor que crece entre ellos.

Protección del dominio del sexo

Uno de los problemas concernientes al acto sexual es que nos hace sentirnos tan bien. Esto no es un inconveniente cuando vives tu ilusión. Ciertamente es un gozo —dentro del marco del matrimonio. La atracción sexual los une constantemente, aun cuando estén disgustados. Pero sin estar casados, la sensación placentera del acto sexual puede dominar sus relaciones, y finalmente destruirlas.

Veamos una descripción típica:

Cada vez más, parece como si nuestras relaciones tuviesen un sólo propósito. Casi no encontramos tiempo para hablar, ni tampoco muchas cosas de que hablar. A veces me pregunto si en verdad nos amamos todavía o si simplemente nos hemos habituado uno al otro. Hemos hablado de este problema y hemos acordado tener relaciones sexuales sólo una vez cada dos semanas, pero eso sólo parece hacernos más irritables cuando estamos juntos. Y siempre terminamos haciéndolo. No sé qué hacer. Estamos atrapados en un patrón que no podemos romper.

He recibido muchas veces cartas como ésta. Todavía nadie ha desarrollado unas relaciones basadas sobre el sexo solamente. El acto sexual debe ser una expresión del amor entre dos personas casadas. El acto sexual no crea el amor. Sin embargo, el sexo es una fuerza tan poderosa, que puede llegar a dominar las relaciones de tal forma, que dos personas pueden gastar todo su tiempo y energía en él, en vez de hacer las cosas que son necesarias para que su amor se desarrolle. Luego, cuando tratan de cambiar el patrón, descubren que no pueden. Creían que controlaban el sexo, pero descubren que el sexo los controla a ellos.

Parejas como Ricardo y Juanita a menudo toman las relaciones sexuales como un experimento. Creen que pueden pasar un fin de semana juntos, ver cómo es eso y luego (bien informados) decir qué hacer. No funciona así. No puedes probar las relaciones sexuales a ver si te convienen. Una vez que las comienzas, es casi seguro que las seguirás teniendo hasta que se dejen uno al otro.

Muchas veces el vínculo de las relaciones sexuales perdura aun después que el noviazgo ha terminado. Los dos saben que su amor ha muerto, y sin embargo el sexo continúa juntándolos. Así es de fuerte. Considera lo que una joven me escribió:

Tengo un problema serio. Hace unos cuatro años conocí a un muchacho muy agradable que se había mudado en el barrio. Fue el primer muchacho que amé de veras y él fue el primero que me reciprocó de veras. Unos seis meses más tarde comenzamos un noviazgo. Tuvimos unas relaciones muy serias que incluía relaciones sexuales.

Hace un año rompimos el noviazgo, pero todavía tenemos relaciones sexuales. Todavía nos queremos mucho, pero no lo suficiente como para seguir haciendo esto. Además, no está bien.

El se irá a estudiar en la universidad este otoño. No sé si esto es bueno o malo, porque no puedo imaginarme no volver a verlo nunca más. Todavía lo quiero mucho, es mi mejor amigo. Siento celos de él y de toda mujer que se le acerque o salga con él. Creo que estoy en mi derecho.

Quiero ser feliz, pero ¡hace tanto que no lo soy! Hemos tratado de dejar de tener relaciones sexuales, pero hasta ahora no ha funcionado. He orado, pero parece que nada ayuda. No tengo a nadie con quien hablar. Sin embargo, aprendí una lección: las relaciones sexuales pueden ser un hábito muy malo si lo comienzas con alguien con quien no vas a vivir el resto de tu vida.

Ricardo y Juanita están juntos por un rato largo solamente una o dos veces por semana. Durante ese tiempo necesitan hablar, reírse juntos, trabajar juntos, construir la base de su amor. Toda relación que no se alimenta, se marchita. La relación sexual solamente no la nutre. Parejas que podían haberse mantenido juntas si se hubieran dedicado a nutrir su amor, ahora descubren que se están separando.

Protección contra la agonía de la separación

Cuando dos personas enamoradas se acuestan juntas, hay envuelto un elemento de entrega personal. Están desnudos y totalmente expuestos el uno al otro. El acto sexual no es solamente la unión de dos cuerpos, sino también la unión de dos mentes y dos almas. Hay un intercambio espiritual aun en la más insignificante aventura nocturna. En realidad no se puede experimentar el acto sexual a la ligera, pues no es algo insignificante. Está tu alma envuelta. Por eso es que el abuso y las violaciones sexuales son crímenes tan degradantes —pues abusan y violan el alma.

Aquellos que se han entregado uno al otro no deben tener que recibir nunca de vuelta el regalo. Aquellos que han experimentado la unidad sexual no deben tener que separarse nunca. La pérdida del amor es dolorosa, pero perder el amor después que te has dado en cuerpo y alma duele horriblemente.

Duele saber que alguien a quien has amado tanto y en quien has confiado, no es más que un extraño. También duele y seguirá doliendo saber que alguien a quien ya no amas, quien significa poco en tu vida ahora, conoce cada centímetro de ti.

Ricardo y Juanita no tienen forma de saber ahora, en esta etapa de amor, que nunca se van a separar. Los sentimientos cambian y si su relación se desvanece después de haberse acostado juntos, les va a doler horriblemente, muy adentro. Dos personas que se aman deben protegerse una a la otra de esta pérdida de amor y del dolor psicológico que sigue.

Esto lo descubrió una chica en la forma fácil. Luego me escribió:

Tres de mis mejores amigas han tenido relaciones sexuales con sus novios. Me senté y lloré con cada una de ellas unas semanas después de su primera vez, y oré por ellas pidiendo que no se encontraran embarazadas. No me interprete mal. No eran muchachas "malas", y no tomaban el sexo a la ligera. Todas eran buenas cristianas que creían que le estaban dado lo mejor de sí mismas al hombre con que se casarían. Pero el acto sexual no es una promesa de matrimonio, y todos estos noviazgos son hoy historia.

No juzgo a mis amigas por lo que hicieron. Hace un año yo habría hecho lo mismo si hubiera estado de novia con alguien a quien amara. Pude aprender de los errores de mis amigas. Ahora sé sin lugar a dudas ni remordimientos, que experimentaré el gozo de las relaciones sexuales únicamente cuando esté casada.

Las relaciones sexuales te hacen tan vulnerable que necesitas la mayor protección humanamente posible —la protección de una boda. Cuando están preparados para hacer el compromiso uno al otro para toda la vida escogen un día para hacerlo público. La boda es una promesa ante Dios, ante tu familia, tus amistades y ante la comunidad. Marca un cambio de vida total. Se mudan juntos. Comienzan a compartir el dinero, las posesiones, los planes del futuro.

Una boda no es una garantía contra la separación. Pero es lo que la sociedad ha podido inventar que se acerque más a una garantía. Y lo es aún cuando es entre dos personas que tienen una sincera y profunda confianza en Dios. Tal ceremonia es ciertamente mucho más fidedigna que las promesas privadas hechas en secreto. Una promesa en privado no resuelve nada en el momento de comprar un automóvil o de ingresar en el ejército. Tienes que firmar. Tienes que comprometerte en público. ¿Por qué ha de esperarse menos que eso de dos personas que están haciendo el compromiso más importante de su vida?

¿Qué es lo que prometes cuando te casas? Esto básicamente: "Te he escogido para compartir contigo mi vida entera. Tú eres la persona que amaré, protegeré y honraré, no sólo hoy, sino mañana y siempre". Si puedes prometer esto sinceramente en público, ante Dios, estás preparado para la vulnerabilidad del acto sexual. Si todavía no puedes hacer esta promesa con sinceridad —al menos, no en público— eso es suficiente argumento para decirte que todavía no estás listo para exponerte a ti mismo y a tu pareja, a la posibilidad de una pérdida de amor que pueda ser devastadora para el alma.

Protección contra una espiral en descenso

Para muchos hoy la virginidad es una palabra fuera de moda. Ser virgen es ser considerado simple, atrasado, fuera de onda. Toda persona virgen es considerada anticuada. No sabe lo que está pasando.

Sin embargo a través de la historia, la gente ha visto en la virginidad algo precioso y bello. Es hora que volvamos a admitirlo. Una muchacha virgen *es* diferente de una que no lo es. *No* sabe lo que está pasando. Es vulnerable. Abierta. Intacta.

La virginidad no significa "atrasada". Significa "en espera", "en expectativa", en "búsqueda". Y es bueno estar así hasta el día en que sellas tu destino con la persona que Dios te ha dado para toda una vida de realización sexual. Si quieres unirte a alguien tan fuertemente que nada pueda deshacer esa unión, lo mejor es unirse siendo virgen. De esta forma no hay que borrar ninguna experiencia pasada. No hay ninguna influencia extraña que deshacer. Experimentas toda la emoción, la vergüenza, la curiosidad, la incertidumbre y el descubrimiento de la primera vez con la única persona en el mundo con quien quieres compartir esa maravillosa e íntima experiencia.

Tu primera experiencia sexual rompe una barrera psicológica y emocional. Nunca más el acto sexual volvera a parecer tan misterioso y extraño. Pronto se convierte en algo satisfactorio y normal. Si vives la ilusión, no tienes problemas, no necesitas ninguna barrera.

El problema se presenta si eres como Ricardo y Juanita. No tienes garantía de tus relaciones van a ser duraderas. La espiral comienza a descender cuando esa primera relación íntima se rompe. Al sufrir la pérdida del amor, los dos son vulnerables. En su tristeza buscan consuelo, y a menudo lo encuentran en los brazos de otra persona. Muchos llaman a esto "de rebote". Y si tuvieron relaciones sexuales, las mismas se vuelven asombrosamente fáciles. Después de todo ya no hay barreras. La relación sexual ya "no es para tanto", como dijo la chica cuyas palabras cito al principio del capítulo. Los estudios indican que las personas que han mantenido relaciones sexuales con determinada persona, raras veces renuncian a ellas cuando se separan.

Ahora bien, el amor de rebote casi nunca es estable. Así que unos meses más tarde encuentras que tienes un "historial sexual" —dos exparejas. Eso cambia aún más tu actitud. Caen más barreras. Estás bajando por la espiral descendente.

Muchos terminan con un historial sexual que les lleva horas para contar. Después de derrumbar las barreras, siguieron pareja tras pareja. A lo mejor hasta se casaron y se divorciaron, pero el matrimonio no fue sino meramente parte del espiral descendente. Cada vez el acto sexual se hizo más fácil. Cada vez significaba ascender de nuevo por la espiral. Algunos lo logran y hasta recuperan la ilusión. Pero no es muy común.

Cuando amas a alguien, quieres protegerlo de esta espiral. Quieres protegerte tú mismo. Y hasta que estés listo para proporcionar la protección de los votos matrimoniales, debes proveer esa protección no derribando las barreras. Manténlas bien en alto. Y si la virginidad ya fue perdida anteriormente, haz que la espiral en descenso termine contigo.

Pregunta: Tengo veinte años y soy virgen. Hace dos años que tengo novio. Dos meses después de hacernos novios él me dijo que no era virgen. Entonces lo comprendí y lo acepté. Pero ahora me molesta. Es que los dos somos cristianos y queremos casarnos en unos años. Aunque yo lo he perdonado, me es difícil aceptar lo que hizo antes. Lo amo mucho, pero a veces pienso que nuestra luna de miel no será especial a causa de ello. He orado y he tratado de olvidarlo, pero no puedo y sigo muy confusa. Mi pregunta es: ¿Me debe realmente molestar esto tanto? Y si no, ¿cómo puedo evitarlo?

Respuesta: Sí, debe molestarte. La idea moderna de que las relaciones sexuales son un simple ejercicio deleitoso para que dos posibles amantes se conozcan, sugiere que nada realmente importante pasó entre tu novio y su desconocida pareja del pasado. Pero eso no es cierto. El acto sexual es el más profundo e íntimo intercambio que pueden hacer dos personas. Las afecta hondamente y las acompañan los recuerdos buenos o malos—el resto de su vida. Así que es natural que te moleste saber que alguien a quien amas ha estado acostado con otra persona.

Claro, cuando uno vive en una sociedad corrompida por mucho tiempo, puede que deje de molestarle. Pero, ¿*debe* dejar de molestarlo? Yo no lo creo así. Si deja de molestarte, probablemente es porque ya las relaciones sexuales no significan mucho para ti.

Esto no quiere decir tampoco que el pasado de tu novio haya de arruinar el futuro que los dos van a vivir juntos. El pasado no puede ignorarse ni deshacerse, pero puede *perdonarse*. En realidad el perdón es un misterio —una gracia que sólo Dios puede darnos. Yo no sé decirte cómo perdonar a tu novio o cómo hacer que este perdón penetre esa barrera. Pero sí creo que esto es lo que necesitas para que tus relaciones prosperen.

En realidad es un asunto de amor. Si amas a tu novio bastante intensamente, tu amor te permitirá cubrir sus errores pasados —no ignorando el dolor que te ha causado, sino entretejiéndolo en el paño de tus relaciones con él, de modo que en definitiva estén unidos aún más fuertemente. Si esto sucede, tu luna de miel será verdaderamente especial en sí misma—saturada de la grandeza de tu perdón y amor por él.

Protección de los fantasmas

Las relaciones sexuales son algo más que simplemente algo agradable que hacer para una noche. Son algo espiritual y te afectan hasta lo más hondo de tu ser. El acto sexual toma a dos personas y las une en forma tal que, como dice la Biblia, llegan a ser "una sola carne". Aun cuando tratas de mantenerlo impersonal, como en una aventura de una noche, esa experiencia —esa pareja—se quedará contigo el resto de tu vida. No como una presencia viva y amorosa, sino como un fantasma.

Cuando digo "fantasma", me refiero a los recuerdos

tan vívidos que casi puedes tocarlos. Recuerdos que se interponen en la vida. Como en el caso de este muchacho que se siente perseguido.

Mi primera novia era bastante agresiva. Yo era más bien tímido pero ella iniciaba todas nuestras actividades sexuales. Casi no la conocía, y sabía que no la amaba, pero ella era atractiva y agradable. Fuimos novios tres meses, y entonces ella decidió que quería salir con otros muchachos.

Hoy, tres años después, estoy enamorado de una muchacha cristiana dulce y cariñosa. El problema es que yo hice cosas con mi primera novia (nos masturbábamos uno al otro) por las cuales me siento sucio y culpable. Estoy arrepentido y he perdido perdón al Señor, pero todavía me siento sucio por dentro. También me preocupa si debo o no decirle esto a mi novia.

Una de las preguntas más comunes que me hacen es: ¿Tendré que contarle mi pasado a mi futuro cónyuge? Yo no favorezco el candor compulsivo. Por ejemplo, no le aconsejé a ese chico que le contara a su novia todo su pasado. Sin embargo, cuando el matrimonio entra en el cuadro, debe haber completa sinceridad, y la completa sinceridad no guarda secretos.

Ahora bien, sea que una persona lo cuente todo o no, los fantasmas siempre la acompañarán. Hay quien se los lleva a la luna de miel. Entonces, o bien le explica esos fantasmas a su nuevo cónyuge o tiene que vivir preocupado por ellos.

Un matrimonio no debe estar amenazado por fantasmas, pues es muy fácil estar celoso de ellos, y preguntarse qué sucedió en realidad entre su cónyuge y la otra persona. Si tu pareja conserva fotos o cartas de otro amorío, de seguro que vas a sentir algo de celos. Las cartas se pueden quemar, pero nadie puede destruir los recuerdos.

Cuando amas a alguien, quieres proteger de fantasmas esa ilusión de vivir juntos. Y esto significa no convertirte tú en uno.

¿QUE PASA SI RICARDO Y JUANITA SE CASAN ALGUN DIA?

Supongamos que Ricardo y Juanita comienzan a tener relaciones sexuales, no dejan que las mismas dominen su noviazgo, y prosiguen para formar un matrimonio maravilloso. ¿Haría esto que sus relaciones sexuales antes del matrimonio sean correctas? Si todo sale bien, ¿hay algún peligro en sus relaciones sexuales?

Esta pregunta es difícil de contestar, pues es muy hipotética. La cuestión principal es ésta: Cuando Ricardo y Juanita estaban considerando qué hacer con la intimidad sexual, ellos no sabían cómo iban a resultar las cosas. Así que su decisión tiene que estar basada en lo que saben y no en lo que no saben. Aunque todo resulte bien, eso no justifica su decisión de tener relaciones sexuales antes del matrimonio.

Una relación amorosa *puede* resultar favorable al final, en una pareja que ha tomado decisiones erróneas. Puede que Rick y Juanita hayan tomado una decisión incorrecta, y con todo prosigan para vivir su ilusión juntos. Hasta pueden separarse después de tener relaciones sexuales, y por la gracia de Dios proseguir para vivir la ilusión con otra persona. Ninguna vida está tan mal que no tenga esperanza, y nadie queda descalificado de vivir la ilusión sólo por haber cometido un error.

Pero la ilusión del amor es demasiado importante como para arriesgarla innecesariamente. Si Ricardo y Juanita se aman de veras, querrán protegerse uno al otro del riesgo del embarazo, del dominio del sexo, de la agonía de la separación, de la espiral en descenso y de los fantasmas.

Sin embargo, su decisión acerca de las relaciones sexuales entraña algo más que protección. Envuelve asimismo cualidades positivas que deben ir incorporando en sus relaciones —cualidades que tienen importancia para toda la vida.

CAPITULO OCHO

Cómo engrandecer el amor

La idea de la protección es mayormente negativa, pues toma muy en serio la posibilidad de que una relación no vaya a durar para toda la vida. Pero es difícil que Ricardo y Juanita se imaginen tal desastre. Se aman tan fuertemente que su amor echa fuera todo temor.

¿Existe alguna razón *positiva* que los mantenga sin acostarse juntos ahora?

UN MEJOR NOVIAZGO

¿Hay algo mejor que el acto sexual? Pero aun así, las parejas que no están casadas, sacan más de sus relaciones si se mantienen sin acostarse juntos.

Tienen más tiempo para conocerse uno al otro. El fundamento de sus relaciones es evidente cuando no hay intimidad sexual: *Esto es una prueba. Nos estamos conociendo uno al otro. Estamos aprendiendo a disfrutarnos uno al otro, a ser solícitos uno con el otro. Pero no nos pertenecemos uno al otro en cuerpo y alma.* Comprender esto ayuda a muchas parejas a evitar las trampas emocionales y psicológicas que aguardan a los que van demasiado lejos.

Es cierto que muchas parejas dicen que la intimidad sexual los hace sentirse más unidos. Sin embargo esta unidad es superficial. Es solamente corporal, completa con sus poderosas emociones. Pero al no haber un compromiso, surge la ansiedad. *¿A dónde lleva todo esto?*

Digo que la amo, pero ¿es verdad? Como vimos en el capítulo anterior, el noviazgo puede desbaratarse aunque las relaciones sexuales continúen.

Aquellos que no mantienen relaciones sexuales experimentan un sentido de libertad mucho más grande en su noviazgo. Al no tener un compromiso, pueden disfrutarse uno al otro sin reservas. Pueden conocerse sin sentirse atrapados. Saben que su amor, si crece, no está basado solamente en la atracción física. Como me escribió una chica: "Hace poco me comprometí con un muchacho fantástico. Me siento feliz porque me ha pedido que me case con él, sin saber cómo reacciono en la cama. En otras palabras, quiere casarse conmigo porque me ama".

LA LUNA DE MIEL

Hay una gran diferencia entre el día de la boda para una virgen y el día de la boda para la mujer con experiencia sexual. Una virgen puede estar doblemente nerviosa el día de su casamiento. Y esto es bueno. Es normal estar nerviosa el día más importante de tu vida. Para una virgen esto representa un cambio total en su vida. Esa noche comprenderán misterios que por años han sido blanco de su curiosidad. Y van a hacerlo correctamente. Eso vale la pena celebrarlo.

Para una pareja que ha estado manteniendo relaciones sexuales, la boda viene a ser como una ceremonia de *graduación*. Para una persona que termina sus estudios con un semestre de anticipación, la graduación no es más que una ceremonia. La disfrutará, pero le falta algo. Para la persona que acaba de terminar las clases, la graduación es una verdadera *celebración*.

De igual manera, la luna de miel para una virgen es algo único, irrepetible e increíble. Para la experimentada, es solamente unas buenas vacaciones.

En la vida sólo tendrás una "primera vez", y es un inmenso placer experimentarla con la persona a la que públicamente has comprometido tu vida. Pero esto solamente es posible si esperas.

LA CONFIANZA

Para vivir la ilusión es necesario un compromiso total para toda la vida. Has elegido a una persona. Nadie más será nunca un competidor. Esa seguridad y confianza son esenciales para una relación verdaderamente íntima.

Es posible vivir la ilusión aun cuando ninguno de los dos entre en ella como virgen. Algunos lo hacen. Experimentan con varias parejas y finalmente se quedan con una, viven juntos por un tiempo y luego se casan. Es posible que su compromiso crezca hasta convertirse en algo total, y aprendan a tenerse plena confianza. Pero ésa es la forma difícil de llegar allá. Y por cada uno que llega, muchos se quedan a la mitad. Cuando te acostumbras a tener relaciones sin compromiso, es difícil cambiar a un compromiso total.

Las encuestas nos indican que la infidelidad matrimonial se ha convertido en una epidemia. Aquellos que se acostumbran a tomar el sexo a la ligera antes de casarse, por lo general lo hacen también después que se casan. Por lo que muchos matrimonios viven cargados de dudas y celos. *¿Me estará engañando mi mujer?* Si antes de casarse las relaciones sexuales solamente significaban: "Me atraes muy fuertemente", no es fácil cambiar el lenguaje corporal después de la boda para que diga: "Me entrego totalmente a ti".

Los que esperan, se demuestran que toman en serio las relaciones sexuales, y demuestran la clase de disciplina y autocontrol que una relación amorosa necesita. Esto desarrolla la confianza y el respeto. Volvamos al caso de Ricardo y Juanita por ejemplo. ¿Qué pasaría si Ricardo decidiera negarse a los planes de Juanita para su encuentro sexual en el fin de semana? Al principio podría sentirse decepcionada, pero con el tiempo su respeto por Ricardo aumentaría, y crecería su confianza en la habilidad de él de tomar una decisión correcta aun cuando le fuera difícil, y admiraría su autodisciplina. Llegaría hasta sentirse orgullosa de saber que él la amó bastante como para protegerla de riesgos —aun cuando ella misma estaba dispuesta a arriesgarse.

Si su noviazgo no progresa y se va cada uno por su camino, Ricardo y Juanita no tendrán que preocuparse con competidores pasados, ni habrá fantasmas de los cuales estar celosos. Entonces la confianza que cada relación duradera debe tener, podrá crecer con libertad.

Si Ricardo y Juanita se casan. podrán darse uno al otro totalmente, con libertad, por primera vez al gran amor de su vida. Esto desarrolla la confianza.

Si quieres experimentar unas relaciones sexuales de compromiso total la manera más segura de lograrla es no experimentar ninguna otra. Cierto, es difícil esperar, pero vale la pena, y todo lo que vale, cuesta.

Pregunta: Tengo catorce años y mi novio dieciséis. Hace unos días fuimos a un baile en el colegio y cuando salimos del mismo, entramos en una gran intimidad. No llegamos al acto sexual, pero todo lo demás que hicimos compensó el no ir hasta el final. El me pidió que me acostara con él pero yo le dije que no, pues tenía miedo de hacerlo

Amo mucho a mi novio. Hemos quedado en salir con unos amigos dentro de unas semanas, y por lo que me ha dicho, vamos a ir "hasta el final", Yo tengo mucho miedo de ir pero temo que si no voy, empezaré a perder a mi novio. El siempre dice que me ama y cuando me abraza, me siento tan bien que me parece que todo va a ir bien y estaremos juntos siempre. En realidad mis preguntas son: ¿Cómo sé cuándo es el momento correcto? ¿Y cómo sé que él es el hombre que me conviene? ¿Y cómo puedo saber si él realmente me ama tanto como dice y tanto como lo amo yo?

Respuesta: Me alegro de que hayas preguntado. Y me alegro de poder contestarte porque creo que tengo una filosofía bastante clara respecto de tus preguntas. Vayamos en orden.

Primero, ¿cómo sabes cuándo es el momento correcto? Sabrás que es el momento correcto cuando tú y la persona a quien amas se paren frente a todos sus amigos, familiares, y Dios y prometan mantenerse casados por el resto de su vida. Entonces se irán y vivirán juntos —por el resto de su vida. Entonces no habrá nada más correcto que el acto sexual. Las bodas no son infalibles, pero son el mejor indicador que se haya inventado para saber que están listos para enfrentarse a todo lo que la intimidad sexual envuelve espiritual y físicamente.

Segundo, ¿cómo puedes saber que él es el hombre que te conviene? Para evaluar un hombre hay muchas cosas que considerar, pero al final se resume en esto: Sabrás que es el que te conviene si él está dispuesto a pararse frente a toda esa gente que mencionamos en el párrafo anterior y hacer esa solemne promesa, y si tú quieres estar allí para hacer lo mismo con él. Algunos farsantes pasan la prueba, pero hay que ver a cuántos elimina.

Tercero, cómo puedes saber si él te ama tanto como dice? Esto lo puedes apreciar con mucha exactitud pidiéndole que se comprometa por ti parándose frente a toda esa gente que hemos mencionado dos veces y haga esas promesas. Mucha gente miente el día de su boda, cierto, pero ni aproximadamente tantos como los que dicen embustes cuando van "hasta el final" como locos después de un baile.

Comprendo que vivir con estos principios posiblemente signifique decepcionar a tu novio. Pero por muy difícil de creer que esto sea, perderlo por esto no significa gran cosa. De veras es una sensación maravillosa estar abrazada estrechamente por alguien y sentirse enamorada. Pero esta sensación puedes obtenerla en forma temporal con mucha gente. Sin embargo, vas a conservarla a plazo largo con nadie, a menos que uses tu sexualidad muy sabiamente. Tu cuerpo es algo muy preciado y la desnudez del sexo muy absoluta para que los des por nada menos sólido que el matrimonio.

EL MOMENTO PERFECTO

Siempre hay una forma correcta y una incorrecta de hacer algo. Y a veces tiene mucho que ver con el momento. Si te lanzas de un trampolín con el tiempo mal medido, sí, terminarás en el agua igual, pero no con la suavidad y belleza que el clavado exige.

El esperar hasta el día de la boda lleva en sí corrección. Es la corrección del momento. Vas hasta el final con tu cuerpo ese día especial en que vas hasta el final con tu mente y con tu corazón. Cuando das el "sí" comienza la ilusión en su plena libertad. No es la única forma de entrar a la ilusión, pero sí la más segura, la más suave y la más bella.

Los medios de comunicación nos han inundado con un cuadro distorsionado de la belleza: hermosos cuerpos, hábil hablar, romance erótico e impetuoso. "Esta es la noche", dicen los anuncios. No se preocupan por el mañana.

Pero lo verdaderamente bello es la ilusión completa —un amor eterno entre dos personas unidas hasta la muerte. Un amor que crece y se profundiza al pasar los días y al pasar los años. Un amor que trae realización y en el cual se satisfacen las necesidades sexuales sin sentir temor ni culpa. Un amor que es seguro y que dura toda la vida.

Esta belleza comienza cuando comienza a crecer el amor emocional de una pareja. Un amor que sólo busca el bienestar del otro. Y aunque esto lleve a un deseo de intimidad física, prefieren esperar y mantenerse sin la experiencia hasta estar seguros —seguros de que han escogido la persona más indicada para compartir su vida.

Cuando amas a alguien, quieres lo mejor, y lo mejor es esperar al día de la boda.

CAPITULO NUEVE

¿Por qué Dios ordena esperar?

Hay otra razón más para esperar al matrimonio además de las ya presentadas. Para los que creen en Dios es la más importante: Dios nos enseña que debemos esperar.

¿Por qué? ¿Por qué habría de importarle esto a Dios? Por una sola razón —el cuida de nosotros

Es extraño cuán poca importancia se le da a la Palabra de Dios. La gran mayoría de los norteamericanos dicen que creen en Dios y que consideran que la Biblia es la Palabra de Dios. Pero quien se pare ante una clase en cualquier escuela y proponga seguir las instrucciones que hay en la Biblia acerca de las relaciones sexuales hará que la mayoría reaccione y lo considere un mojigato que quiere proscribir la felicidad. Tendría que entrar en largas explicaciones acerca de por qué la Palabra de Dios es de veras buena para el ser humano, y el plan de Dios para las relaciones sexuales es en realidad el mejor.

Es tonto tener que justificar a Dios. ¿Estaban Wilbur y Orville Wright en contra de la aviación? ¡Desde luego que no! Pues tampoco Dios considera al sexo como algo que no sea un gozo y una bendición. Después de todo, fue idea suya. El podría habernos hecho de manera que nos reprodujéramos como las plantas. Imagínate: Tomas un fragmento de tus uñas, lo cubres con tierra de cultivo, lo riegas con cuidado —y en nueve meses brota un niño.

Pero Dios prefirió no hacerlo así. Más bien quiso que la vida humana surgiera del exultante y amoroso abrazo del acto sexual.

El Dios omnisciente que inventó el sexo debe saber cómo puede ser celebrado de la mejor manera. El nos ama y sacrificó su propio Hijo para redimirnos. Quiere lo mejor para nosotros y no echaría a perder nuestro bienestar a propósito.

No necesito consejo

Este asunto tiene otro aspecto un poco tonto. La gente se indigna cuando se inmiscuye la religión en el cuadro, y dicen que es porque los cristianos viven tan reprimidos sexualmente, que quieren que el resto de la humanidad viva tan miserablemente como supuestamente viven ellos. "Mientras haya alguien en el mundo que se esté divirtiendo, los cristianos no serán felices".

Pero, ¿dónde está exactamente esa fiesta que los cristianos quieren aguar? Algunos quizá se diviertan, pero muchos viven miserablemente. No se puede ignorar las estadísticas que lo prueban. Millones de divorcios, adulterios y abortos suman algo distinto a la diversión.

Desafortunadamente la gente está tan acostumbrada a pensar en el sexo como nos lo presenta la revista *Playboy*, que no pueden verlo de otra manera. La filosofía *Playboy* en las películas, en las revistas y en algunos programas de televisión presenta el acto sexual como un pasatiempo sensual divertido. Una gran fiesta. Sí, el acto sexual *es* divertido. Pero ellos no mencionan los resultados que son tan comunes: corazones rotos, relaciones rotas, tragedias, soledad, celos, frustración. Todo esto sin mencionar los embarazos indeseados y los abortos y las enfermedades venéreas. La vida que lleva la mayoría de esta gente es muy diferente del estilo de vida ligero que promueve en *Playboy*.

Dios no está tratando de aguar nuestra fiesta, está tratando de ayudarnos . Y cuando El nos da instrucciones, lo hace ya sea para protegernos del mal o para proveer lo necesario para nuestras necesidades —o como en este caso, ambas cosas.

¿QUE DICE DIOS?

Puede describir algunos cristianos con la palabra *puritanos*, que significa severo o estricto. Esta gente parece pensar que es un pecado disfrutar la vida. Algunos de ellos, aun cuando estén casados, mantienen las relaciones sexuales muy refrenadas. Habrían sido más felices si Dios los *hubiera* hecho como las plantas.

Pero Dios no es ningún puritano. Nuestra mejor guía de comportamiento es la Biblia, y ella es muy franca en cuanto a las relaciones sexuales. En ella no hay tapujos de ninguna clase, y hasta dedica un libro entero, el libro del Cantar de los Cantares de Salomón, a celebrar la sensualidad del amor erótico. No es en ninguna manera como la pornografía, pues no lo leerías para excitarte, pero sí podrías leerlo para ver cuán maravilloso Dios quiso que el acto sexual fuera. El Cantar de Salomón no usa un lenguaje refrenado ni tampoco lo son los amantes que se cantan uno al otro.

En general, el sexo no es un asunto importante en la Biblia. Otros temas son más importantes, de modo particular nuestra relación con Dios. Pero cuando se habla del sexo en ella, se refleja la actitud que se esperaría de un inventor al hablar de su invención. El inventor sabe, mejor que nadie, lo que su invención significa y se siente bien al hablar de ella, Entiende cómo funciona y sabe exactamente para qué sirve. No te sobrecarga con instrucciones, sino que va directo al corazón del asunto. En otras palabras, te dice cómo darle uso práctico a su invención.

Y este Inventor es muy firme acerca de sus ideas. No gasta mucha energía explicando por qué las cosas son como son. Solamente insiste: ¡esta es la manera en que funciona!

El punto de vista bíblico en cuanto al sexo puede expresarse de manera muy simple: Dentro de los lazos matrimoniales es maravilloso. Fuera de ellos, es una ofensa al Inventor.

Dice en Hebreos 13:4: "Honroso sea en todos el matrimonio, y el lecho sin mancilla".

Sin mancilla quiere decir *puro*, y *puro* significa "algo

que no ha sido mezclado con ninguna otra sustancia".
Pudiéramos parafrasear este mensaje como sigue: "Pon tu
esperanza y tus sueños en el matrimonio. Permite en tu
cama a una sola persona—tu esposo o esposa. No adulteres
esa relación con más nadie".

La Biblia reconoce que el deseo sexual es una
necesidad física fuerte, y presenta el matrimonio como la
solución normal al mismo: "Pero a causa de las fornicaciones, cada uno tenga su propia mujer, y cada una
tenga su propio marido... No os neguéis el uno al otro, a no
ser por algún tiempo de mutuo consentimiento, para ocu-
paros sosegadamente en la oración; y volved a juntaros en
uno, para que no os tiente Satanás a causa de vuestra
incontinencia" (1 Corintios 7:2, 5).

Pero el matrimonio es mucho más que una licencia
para tener relaciones sexuales. Ha sido creado para
ayudarnos a experimentar nuestros sueños: la unión de un
amor totalmente comprometido.

Cuando Dios creó a Adán, éste vivía solo con los
animales. Hasta ese entonces, Dios había declarado bueno
todo lo que había hecho. Pero al ver a Adán solo, su
reacción fue negativa: "No es bueno que el hombre esté
solo" (Génesis 2:18).

Así que le hizo una mujer, Eva. Cuando Adán la vio,
nadie tuvo que decirle que había sido hecha para él y casi
que gritó: "Esto es ahora hueso de mis huesos y carne de
mi carne" (Genesis 2:23). Con ella era posible tener una
intimidad verdadera, y a través de ella fue cambiado el "no
es bueno" de estar solo. Ahora Adán podía ser "una carne"
con ella. El Génesis concluye esta descripción con la
afirmación siguiente: "Y estaban ambos desnudos, Adán y
su mujer, y no se avergonzaban" (Génesis 2:25).

Así nos hizo Dios y así El quiso que fuera el sexo. El
matrimonio no es solamente una conveniente manera de
producir hijos, sino una unión especial en la cual podemos
hallar todo el amor que necesitamos. Es la solución a la
soledad. Es una relación en la cual se puede satisfacer
nuestros deseos más íntimos.

El amor que estamos llamados a tener en el matrimonio, debe tener como modelo el más profundo e íntimo amor del universo: "Maridos, amad a vuestras mujeres, así como Cristo amó a la iglesia, y se entregó a sí mismo por ella... Así también los maridos deben amar a sus mujeres como a sus mismos cuerpos" (Efesios 5:25, 28). Este es el amor desinteresado que mostró Cristo cuando se entregó a sí mismo en sacrificio para redimir la humanidad.

Pero ese amor es inconfundiblemente sexual. El matrimonio, según fue la intención de Dios, es una fiesta de amor para todo el ser, cuerpo, alma y espíritu. El libro de los Proverbios, que fue escrito como un libro de consejos para un joven, lo pone de esta manera: "Alégrate con la mujer de tu juventud, como cierva amada y graciosa gacela. Sus caricias te satisfagan en todo tiempo y en su amor recréate siempre" (Proverbios 5:18, 19). Dios no quiere echarnos a perder la fiesta. Más bien desde el principio, como conocía nuestras necesidades, El mismo se dispuso a proporcionarnos la fiesta.

Sin alcanzar la ilusión

La ilusión, como la describe la Biblia, es ésta: desnudez total, unión total, satisfacción sexual total. Dios quiso que fuéramos felices.

Pero la Biblia habla sin ambajes acerca del comportamiento que tiende a destruir la ilusión. No son pocos los problemas maritales que encontramos en sus páginas, que nos enseñan cómo la gente destruye su propia felicidad. Jesucristo, sobre todo dejó saber su opinión claramente sobre esto. Aunque nunca se casó, habló con toda autoridad (como un inventor) en contra de abusos tales como la fornicación, el adulterio y el divorcio: "Porque del corazón salen los malos pensamientos, los homicidios, los adulterios, las fornicaciones, los hurtos, los falsos testimonios, las blasfemias. Estas cosas son las que contaminan al hombre" (Mateo 15:19, 20).

"… lo que Dios juntó, no lo separe el hombre… Y yo os digo que cualquiera que repudia a su mujer, salvo por causa de fornicación, y se casa con otra, adultera" (Mateo 19:6, 9).

Aunque Jesús no entró en muchos detalles, sus enseñanzas pueden resumirse fácilmente: Las relaciones sexuales son para el matrimonio. El matrimonio es para toda la vida. Todo lo que rompa esta norma, bien sea adulterio, o relaciones sexuales ocasionales con otro o el divorcio —deja de cumplir los propósitos de Dios.

Jesús nos advirtió que no sólo nos mantuviéramos alejados de acciones que destruyen esta norma, que es la ilusión, sino que incluyó nuestros pensamientos en su inflexible sumario de abusos: "Oísteis que fue dicho: No cometerás adulterio. Pero yo os digo que cualquiera que mira a una mujer para codiciarla, ya adulteró con ella en su corazón. Por tanto, si tu ojo derecho te es ocasión de caer, sácalo y échalo de ti; pues mejor te es que se pierda uno de tus miembros, y no que todo tu cuerpo sea echado al infierno" (Mateo 5:27-29).

Pablo, que escribió muchas de las epístolas del Nuevo Testamento, abordó los problemas que los nuevos cristianos tenían y mostró la misma actitud absoluta de Jesucristo: "Haced morir, pues, lo terrenal en vosotros: fornicación, impureza, pasiones desordenadas, malos deseos y avaricia, que es idolatría; cosas por las cuales la ira de Dios viene sobre los hijos de desobediencia" (Colosenses 3:4, 6).

"Pero el cuerpo no es para la fornicación, sino para el Señor… ¿No sabéis que vuestros cuerpos son miembros de Cristo? ¿Quitaré, pues los miembros de Cristo y los haré miembros de una ramera? ¡De ningún modo!

"Huid de la fornicación. Cualquier otro pecado que el hombre cometa, está fuera del cuerpo; mas el que fornica, contra su propio cuerpo peca. ¿O ignoráis que vuestro cuerpo es templo del Espíritu Santo, el cual está en vosotros, el cual tenéis de Dios, y que no sois vuestros? Porque habéis sido comprados por precio; glorificad, pues a Dios en vuestro cuerpo" (1 Corintios 6:13, 15, 18-20).

¿EL MISMO MENSAJE HOY?

La Biblia habla claro y fuerte. Date por entero al matrimonio; hazlo tu ilusión. Pon en él tu amor y tu fidelidad y huye rápidamente de cualquier cosa que vaya en contra de ese sueño.

La única pregunta es: ¿Es aún aplicable este consejo hoy? Después de todo, el mundo ha cambiado.

Los primeros cambios que mencionarás son el control de la natalidad y la medicina. Al menos ésa era la excusa en los días en que la filosofía *Playboy* estaba en su apogeo. Y a veces todavía se oye de esta forma: "En los tiempos cuando las relaciones sexuales automáticamente significaban niños, era necesario limitarlas al matrimonio para que esos niños tuvieran un hogar, pero ahora una pareja puede usar métodos de control de natalidad. De modo que su vida sexual es un asunto privado y no le importa a nadie. La monogamia era necesaria antes, porque la sífilis era mortal, pero ahora que tiene cura, no hay razón para que dos chicos saludables no puedan experimentar con el acto sexual".

El hecho es que aun con todos los adelantos en los métodos de control de la natalidad, vemos nacer más niños ilegítimos que nunca. Es verdad que los métodos anticonceptivos podrían reducir en gran manera el problema, pero por lo general la gente no los usa, y aun cuando los usan, la tasa de inefectividad es tan alta que asusta. Y en cuanto a la cura de la sífilis, el SIDA ha tomado espantosamente su lugar.

Es interesante notar que en toda la Biblia no hay ni una sola línea que mencione los hijos como el motivo para abstenerse de la inmoralidad sexual. Al contrario, ante los ojos de Dios, los hijos son siempre una bendición. No son los hijos el motivo del gran cuidado de Dios por las relaciones sexuales fuera del matrimonio; es simplemente que están *fuera del matrimonio* y no es ése su lugar. "Honroso sea en todos el matrimonio, y el lecho sin mancilla". Las relaciones sexuales fuera del matrimonio no lo honran, y mucho menos lo mantienen sin mancilla.

¡PERO ESPERAR TANTOS AÑOS!

Una excusa común para practicar las relaciones sexuales antes del matrimonio es que en los tiempos bíblicos la gente se casaba joven. No tenían esta larga demora que nosotros tenemos entre la pubertad y el matrimonio, por lo tanto ellos no tenían que enfrentarse a largos y difíciles años de espera. No salían juntos ni se enamoraban en la secundaria para luego tener que esperar a terminar la universidad y entonces casarse. Era mucho más fácil ser fieles a los planes de Dios para el matrimonio.

El único problema de esta explicación es que en los tiempos de Jesús la gente encontraba los mandamientos de Dios difíciles. Difíciles hasta lo imposible. Cuando Cristo explicó que para los cristianos no debe haber divorcio, excepto a causa de la infidelidad marital, sus discípulos (que habían sido escogidos por El mismo) inmediatamente respondieron: "Si así es la condición... no conviene casarse" (Mateo 19:10).

Aun cuando vivían en tiempos diferentes, los discípulos demostraron con su respuesta que no obstante, la gente tenía problemas conyugales. Como se casaban, siendo jóvenes, sus padres jugaban un papel importante en la elección de sus cónyuges. Se casaban quizá a los trece a catorce años y ahora Jesús pretendía que vivieran esa ilusión con la misma persona por siempre. Al parecer algunos de los hombres consideraban que la novia que había sido su alegría a los catorce años, no les era de mucha satisfacción a los veinticuatro.

Es difícil vivir la ilusión en cualquier cultura, en cualquier época. Ya sea que no estés casado y estés esperando, o ya estés casado y tratando de hacer funcionar tu matrimonio, habrá tiempos en que te sentirás frustrado. Y cuando estés frustrado, todo lo de los demás te parece mejor que lo tuyo. Los que no están casados piensan: *Si sólo tuviera relaciones sexuales, sería feliz.* Los que están casados piensan: *Si sólo tuviera otra compañera, sería feliz.* Esto tiene que haber sido así en los tiempos bíblicos también cuando la gente se casaba joven. A menudo engañaban y a menudo se divorciaban. De no ser así, ¿para qué se iba a molestar Jesús en prevenirlos contra estas cosas?

Para ellos, como para nosotros, sólo existía una forma de alcanzar la ilusión: no ser transigentes. Manténte puro y sé fiel al plan de Dios para el matrimonio.

¿Por qué? Porque Dios lo ordena. No sólo sabe El más que tú, sino que te ama más de lo que jamás podrás comprender. El quiere que tu lecho matrimonial sea puro porque te cuida. Te quiere proteger de lo peor y quiere darte lo mejor.

Claro, es difícil y exige sacrificio y autocontrol. Pero ¿hay algo bueno que no lo exija?

¿NO VERSA LA BIBLIA SOBRE EL AMOR?

Otro argumento acerca de "los tiempos han cambiado" es:

"Cuando la Biblia habla de la "inmoralidad sexual" que las traducciones más antiguas llaman "fornicación", habla de la prostitución o de otras formas de actos sexuales que no tienen que ver nada con el amor. En aquellos días había abundante sexo barato disponible. No era como hoy, que dos personas que se aman tienen que esperar para poder casarse debido a los estudios o a cualquier otra razón. La Biblia nos manda que nos amemos por sobre todas las cosas. Este es el mayor bien. De modo que cuando dos jóvenes de nuestra sociedad se aman sinceramente, su amor hace más legítimas sus relaciones sexuales, que podría hacerlo un simple pedazo de papel. Ciertamente esto no tiene nada que ver con lo que la Biblia llama "inmoralidad sexual", pues el amor no tiene nada de inmoral.

Y así continúa la argumentación. Y hasta cierto punto hasta yo estaría de acuerdo, pues el acto sexual no es más que una expresión de amor. Pero con lo que tengo problema es esto: Se supone que dos personas que llegan a ser "una sola carne", desnudos y sin sentir vergüenza", permanezcan juntos toda la vida. Si están tan enamorados que están seguros de que nunca se separarán —que su amor está tan comprometido que sólo la muerte los puede separar— entonces están listos para ir hasta el final con ese amor. Pero el amor —el verdadero amor— se asegura de ello primero.

¿Y cómo pueden demostrar que tienen esa clase de amor? La mejor prueba es que entre en una iglesia para realizar una ceremonia ante Dios, ante sus familiares y ante sus amigos, donde prometen solemnemente esta fidelidad. Y la licencia matrimonial hace oficial su unión ante los ojos de la comunidad. Y esto es bueno.

El problema con el *amor* es que es una palabra tan vaga. Muchos confunden el amor con un sentimiento y piensan que una gran ola de emoción justifica cualquier acción. Pero la Biblia no nos enseña esto. Ahora, si por amor se entiende dedicar tu vida a otra persona, eso sí lo enseña la Biblia. Y ésa es precisamente la ilusión. La ceremonia de la boda es la forma que tiene nuestra sociedad de separar a los que tienen tan sólo una intensa emoción de los que tienen también una firme dedicación.

Pregunta: Usted hace énfasis en que las relaciones sexuales premaritales son censurables y cita versículos bíblicos como Mateo 15:19, 1 Corintios 6:9, 10 y Colosenses 3:5, 6 para apoyar *su* opinión. Pero estos versículos no dicen con exactitud que dichas relaciones lo sean. Sólo dicen que nos alejemos del pecado sexual. ¿Cómo puedo saber qué es pecado sexual y qué no lo es? Con todo el odio y las guerras que hay en este mundo, hacer el amor no parece pecaminoso.

Respuesta: Buena pregunta. Como la Biblia fue compilada hace casi dos mis años, y fue escrita en hebreo, arameo y griego, sus consejos no son siempre fáciles de traducir a nuestros idiomas modernos. Esto se hace muy evidente en esta pregunta relativa a las relaciones sexuales premaritales. Los tiempos han cambiado y tenemos que buscar la manera de aplicar hoy los consejos dados entonces.

El problema inmediato con que te tropiezas es la traducción. Tú y yo preferiríamos que la Biblia nos dijera simple y llanamente: "Se prohíben terminantemente las relaciones sexuales antes del matrimonio". Pero en el idioma griego neotestamentario no existe una palabra para la frase "relaciones sexuales premaritales". La palabra usada en la Biblia, la cual se traduce "inmoralidad sexual" o "pecado sexual" (en traducciones más antiguas "fornicación" es *porneia*. No todos los eruditos están de acuerdo en cómo se debe traducir *porneia*, pero la creencia más común es que ésta es una palabra general que puede aplicarse a situaciones específicas. "relaciones sexuales ocasionales" o "inmoralidad sexual" son formas más modernas de expresarla.

A primera vista parece como si la palabra *porneia* fuera tan general que no nos ayuda en nada. Como bien dices, ¿cómo podemos saber qué es inmoralidad sexual y qué no lo es? Pero si miras con cuidado la enseñanza global del Nuevo Testamento acerca del sexo, todo se hace más claro. El Nuevo Testamento presenta un solo lugar donde el acto sexual es correcto: dentro de los límites del matrimonio.

En aquellos días, la mayoría de la gente que pudiera estar interesada en el sexo estaba ya casada. Si no lo estaban y no querían estarlo, las alternativas más naturales para tener relaciones sexuales eran la prostitución y el adulterio. Pero ambas están clasificadas muy claramente como censurables.

El adulterio es pecado (Exodo 20:14). Tener relaciones sexuales ocasionales con prostitutas es pecado (1 Corintios 6:15-17). A los solteros que carecen de autocontrol en cuanto a sus deseos sexuales, se los exhorta a casarse, no a practicar "relaciones sin riesgo" (1 Corintios 7:2, 9). No había más alternativas. No encontrarás en todo el Nuevo Testamento ni una sola excepción ni escape. Es más, Cristo dijo que aun *mirar* con codicia era tan censurable como adulterar. (Mateo 5:27-30).

Si tu pregunta es, ¿por qué la Biblia no dice claramente que las relaciones sexuales previas al matrimonio son censurables? la respuesta es que sí lo dice. Establece el matrimonio como el ideal, y toda actividad sexual fuera de él como pecado. Para los cristianos de la iglesia primitiva la

palabra de sentido general *porneia* era evidentemente bastante
clara. Sabían qué significaba, de la misma manera que nuestros
abuelos no necesitaban traducir "inmoralidad sexual". Ellos
entendían que se refería a toda actividad sexual fuera del
matrimonio.

La verdadera cuestión no estriba en qué dice la Biblia
acerca de las relaciones sexuales premaritales sino en si la Biblia
es pertinente hoy en día. ¿Sería censurable que dos personas que
se aman realmente pero no están preparadas para el compromiso
matrimonial tengan relaciones sexuales? A lo mejor los
escritores de la Biblia nunca pensaron en esto. Yo personalmente
dudo que hayan pensado en ello, de la misma manera que dudo
que se hayan imaginado que los adolescentes se paseasen
conduciendo automóviles los sábados por la noche. Sin
embargo, no veo razón alguna para imaginarme que habrían sido
más realistas en cuanto a las relaciones sexuales fuera del
matrimonio en nuestra situación que lo fueron en la suya.

¿Qué hace que las relaciones premaritales en nuestros días
sean diferentes? Una de las respuestas que la gente da es el
control de la natalidad. Sin embargo, millón y medio de abortos
y muchos más niños ilegales nacidos en los Estados Unidos en
un año sugieren que sexo y embarazo van tan juntos como
siempre.

Aun si no anduvieran juntos esto no cambiaría la posición
bíblica. No hay ni una sola palabra en la Biblia acerca de niños
calificados de "indeseados". El embarazo podrá ser un problema
para nosotros, pero evidentemente no lo era para la sociedad de
tiempos bíblicos. La concernencia bíblica es acerca de lo que
sucede *espiritualmente* entre dos personas que practican el acto
sexual. (1 Corintios 6:12-20 y 1 Tesalonicenses 4:3-8 dan
mucho detalle en cuanto a esto.) Esta realidad espiritual no la
cambia la anticoncepción.

Otros dicen que lo que hace aceptables en nuestros días las
relaciones sexuales premaritales es el amor. Señalan que en los
días del Nuevo Testamento tener relaciones sexuales fuera del
matrimonio significaba ya sea infidelidad (adulterio) o sexo por
dinero (prostitución). Hoy, dos personas se acuestan juntas
porque están profundamente enamoradas. ¿No es eso diferente?
¿No lo justifica el amor?

Es diferente, pero yo no veo por qué esta diferencia habría significado nada diferente para los escritores bíblicos. En tanto que Pablo exhorta a los casados a que desarrollen una relación de amor (Efesios 5:23-33), es evidente que el amor de que él habla está comprometido de por vida. No está hablando de fuertes emociones temporales, sino de un compromiso de cuidarse y servirse uno al otro, sin tener en cuenta lo que venga. Está hablando de la clase de amor que Dios mismo nos muestra, que no terminaría mañana, ni nunca. Ese es el verdadero amor. En él, el acto sexual llega a ser hermoso y santo.

¿Por qué es tan importante hacer este compromiso antes que la actividad sexual entre en el cuadro? Porque el acto sexual por su naturaleza misma es un compromiso en sí. Por eso Cristo se oponía tanto al divorcio: "No son ya más dos, sino una sola carne : Por lo tanto, lo que Dios juntó, no lo separe el hombre" (Mateo 19:6). El acto sexual une dos personas quiéranlo ellos o no (1 Corintios 6:16). Cuando se rompe esta unión o cuando, de entrada, la unión es incompatible (como en el caso de una prostituta), se causa un gran daño.

Debo responder a uno más de tus comentarios: "Con todo el odio y las guerras que hay en este mundo, hacer el amor no parece pecaminoso". Creo que esto nos regresa a tu propia pregunta: ¿Cómo podemos saber cuándo algo es inmoral y cuándo no lo es?

Una cosa que la Biblia afirma con toda claridad es que nosotros mismos no somos muy buenos jueces. Tendemos a justificar todas nuestras acciones y a condenar las de los demás. Echa un vistazo a todo ese "odio y guerras" que mencionas y trata de encontrar una persona que de verdad crea que está equivocado. Los iraníes culpan a los iraquíes y los iraquíes a los iraníes, los árabes culpan a los judíos, los judíos a los árabes, los católicos a los protestantes, los protestantes a los católicos, etc.; el caso es que nadie se echa la culpa sobre sí mismo. Por eso la Palabra de Dios es tan importante, pues nos dice, independientemente de nuestras propias emociones y auto-justificación, cómo juzgarnos a nosotros mismos.

"Hacer el amor" como dices fuera del matrimonio puede parecer bastante inocente en comparación con algunas cosas que

suceden en el mundo, pero eso no lo justifica. Robarse algo de
una tienda puede parecer bastante inocente cuando lo comparas
con el robo a mano armada, pero ésa es una pobre justificación
para el hurto. Si empiezas a comparar, puedes hacer que
cualquier cosa menor que el Holocausto efectuado por los nazis
luzca inocente. Nuestra opinión acerca de la sexualidad se puede
distorsionar de tal forma, que hasta el pecado comienza a
parecernos normal.

Yo podría hacer una buena demostración de que las
relaciones sexuales antes del matrimonio son tan destructivas
como cualquier fuerza en nuestra sociedad de hoy. Todos esos
abortos, todos esos hijos ilegítimos (que tanto contribuyen al
crimen, a la adicción a las drogas y a la horrible situación de
pobreza en que vive mucha gente en especial mujeres y niños),
atascados en los barrios pobres la epidemia de infidelidad,
divorcios y hogares rotos, y la plaga del SIDA y de otras
enfermedades venéreas. ¿No está todo esto directamente
relacionado con las inocentes relaciones sexuales premaritales?
No parece en absoluto forzado ver que las advertencias de las
Biblia contra la inmoralidad sexual sigan siendo pertinentes hoy

Pregunta: Tengo diecinueve años y soy virgen. No ha
sido fácil mantenerme así, pero soy muy disciplinado y he
logrado controlar mis acciones. Siempre estuve muy contento
con mi autocontrol hasta que leí Mateo 5:27, donde Jesús nos
dice que con sólo mirar a una mujer para codiciarla, ya se
comete adulterio en el corazón. Ha sido prácticamente imposible
para mí no pensar en el sexo, sobre todo cuando estoy cerca de
las muchachas. Me parece que este pasaje también implica que
la masturbación es pecado, pues cuando una persona se
masturba, está pensando con lujuria y creando fantasías con una
persona en particular.

Esto significa que desde que llegué a la pubertad (entre los
doce y los catorce años) hasta que me case (que no será por lo
menos hasta los veinticinco), no sólo no puedo tener relaciones
sexuales ni pensar en el sexo, sino que tampoco me puedo
masturbar, ni siquiera una vez. ¿Por qué pondría Dios toda esta
energía sexual dentro de mí si nunca me puedo desahogar?

Encuentro esto totalmente anormal, ilógico, imposible y malvado. Me siento muy culpable y deprimido y no sé si siquiera creo en Dios. He estado hasta evitando las muchachas para no pensar en esto. ¡Ayúdenme!

Respuesta: Creo que has entendido mal lo que Cristo dijo, si bien es una tergiversación que muchas personas hacen. Si miras el contexto de este versículo, te darías cuenta de que Jesús enumeró toda una serie de cosas como el homicidio, el adulterio, la venganza, la generosidad, la oración, el ayuno, etc., y lo hizo atacando la actitud de los religiosos que pensaban que eran mejores que nadie. Jesús dijo que su religiosidad no era suficiente. Aquellos que estaban orgullosos de sí mismos porque nunca habían cometido adulterio, tenían que entender que sus pensamientos y deseos debían ser tan puros como sus acciones.

"Sed, pues, vosotros perfectos", dijo El, "como vuestro Padre que está en los cielos es perfecto" (Mateo 5:48). Si nosotros hubiéramos podido cumplir con esto, Jesús no habría tenido que morir en la cruz por nuestros pecados. Nadie puede vivir a la altura de todo lo que Dios espera de nosotros. En lo que respecta a la lujuria, todo ser humano ha tenido deseos sexuales censurables en algún momento. Puede que algunos de nosotros no necesitemos perdón por nuestro *comportamiento,* pero todos los necesitamos por nuestros *deseos.* Yo tengo malos deseos, tú los tienes, tu pastor los tiene. No son malos tan sólo porque Jesús dijo que lo eran, sino porque son malvados y destructores. Mejor que estar orgullosos de nosotros mismos, debemos venir a Dios en reconocimiento de nuestra constante necesidad de perdón y sanidad. Estó es lo primero que necesitas entender. No te enojes con Dios porque te pida demasiado. Acércate a El y reconoce que no puedes vivir sin El.

Y no estoy diciendo que no debemos tratar de obedecer los mandamientos de Cristo. Creo que has entendido mal el mandamiento. En español la *lujuria* por lo general implica imágenes sexuales desordenadas, pero en griego, la palabra *epithymía* no tiene esa connotación. Sólo significa un "deseo vehemente". Ni siquiera es una palabra negativa, y hasta puede tener un significado hermoso, como cuando se usa en Lucas

22:15, donde Jesús dice a sus discípulos durante la última cena: "¡Cuánto he deseado comer con vosotros esta pascua!". La misma palabra *epithymía* se usa paralelamente con lujuria, codicia y deseo.

Así que debes ver el contexto para poder entender bien lo que esta palabra significa realmente. Y aunque no esté muy claro en Mateo, parece significar "cometer adulterio en tu corazón". En la Biblia, "tu corazón" no se compone de pensamientos que pasan por tu mente, sino que es el centro de tu identidad; la dirección que escoges para señalar tu vida. Creo que Cristo habla de las veces en que "cometerás (el adulterio) si pudieras". Suponte que sales con una muchacha. Te excitas sexualmente, al punto que estás listo y dispuesto a ir hasta el final. Pero algo te detiene. Quizás es temor, o tal vez la fuerza de voluntad de *ella.* Posiblemente sólo fue algo que te interrumpió. ¿Qué pensarás de ti mismo después? Algunos pensarán: *Soy una persona intachable, nunca he fallado.* Se sentirán superiores a los demás que sí han fallado. A éstos dice Jesús: "Oh no. Tú no eres mejor que ellos, tú querías hacerlo. Tu corazón está tan podrido como el de ellos. Necesitas el perdón y la sanidad de Dios tanto como ellos".

Esta clase de codicia te puede sobrevenir con respecto a alguien a quien no conoces —una hermosa chica que miras en clase a diario, pensando en qué te gustaría hacer con ella. ¿Eres mejor que la persona que en realidad lo hace? No. Querrías hacerlo, y por lo tanto, también necesitas perdón y ayuda. Tus acciones no son malas, pero tus pensamientos sí

Yo creo que esto es a lo que Jesús se está refiriendo. No creo que esté tratando de que dejes de ser una criatura sexual, ni pienso que esté sugiriendo que cuando veas una muchacha bonita debas evitar sentirte atraído físicamente. Tampoco creo que habla de la masturbación, sino del corazón —de los deseos fundamentales sobre los que quieres basar tu vida.

Cuando vienen a tu mente deseos sexuales, es muy posible dar gracias a Dios por las muchachas bonitas y por la sexualidad, y simplemente sentirte bien por estar vivo como hombre en un mundo lleno de belleza. Puedes imaginarte qué maravilloso sería un día estar casado. Y esto es bueno y saludable, pienso yo. En estos deseos no hay nada de malicia.

Lo que no es bueno es tomar esos deseos y edificar sobre ellos, y obsesionarte con pensar cuánto placer disfrutarías acostándote con una de esas muchachas. Lo lleves a cabo o no, has hecho del sexo algo menos de lo que Dios quiere que sea. Cristo no quiere que ignores tu sexualidad (aunque pudieras). El quiere que la canalices en la dirección correcta y vuelvas tus pensamientos hacia El.

¿Por qué no hizo Dios que fuera fácil agradarlo? ¿Por qué no nos da los deseos sexuales en el día de nuestra boda y no antes? ¿Por qué no nos quita nuestra atracción hacia ciertas personas del sexo opuesto? ¿Por qué, para ello, no nos quita nuestra tendencia a codiciar, para que no pensemos que el automóvil de nuestro vecino es particularmente atractivo? No lo sé. Podemos jugar durante mucho tiempo este juego de "¿por qué Dios no lo hizo de otra manera?" sin obtener respuesta alguna. Lo que sí sé es que a mí no me gustaría vivir sin el deseo sexual. A mí me gusta ser un ser humano por difícil que lo sea. Estoy agradecido porque Dios me haya confiado este reto. Asimismo estoy agradecido porque Dios me restaura cuando fallo en vivir mi vida como debo y le pido perdón.

CAPITULO DIEZ

Cómo decir que No

Durante mi primer año en la universidad salí mucho con muchachos pero todos ellos parecían lo mismo. Todos decían que me amaban, cuando en realidad lo que me querían decir era: "Te deseo".

Los chicos que practican las relaciones sexuales con frecuencia dicen que la presión de sus amigos tiene mucho que ver con sus decisiones. ¿Cómo puede ser esto, cuando en la mayoría de los casos la intimidad sexual es algo que dos personas deciden hacer bajo circunstancias muy privadas?

La presión de los iguales se revela de dos formas. Primero, como explicamos en un capítulo anterior, afecta tu forma de pensar sobre lo que es aceptable. La mayoría de la gente prefiere la seguridad del grupo. A muy pocos les gusta ser diferente. Así que si piensas que todos tus amigos practican las relaciones sexuales, te vas a sentir presionado a ser como ellos. Al menos, cuando seas tentado pensarás en tus amigos y dirás "¿Por qué no?"

La otra forma de presión es más directa y viene de un miembro del sexo opuesto. Tu novio o novia quiere que vayas hasta el final, y aun cuando dice que "respeta tus creencias" te sientes presionado a cambiar de opinión, aunque sinceramente, quieres esperar al matrimonio. La presión de tus amigos, o la presión de esa persona con quien sales te alcanzan y necesitas saber decir que no.

NADANDO EN CONTRA DE LA CORRIENTE

No, no podrás tú solo cambiar la opinión sexual de toda una

escuela. Ser la minoría no es fácil, sobre todo cuando experimentas la fuerte influencia de la televisión, las películas y la música contra ti.

Pero puede que no estés en una tal minoría como crees estar. Los que consideran que las relaciones sexuales son una parte normal de la adolescencia, tienden a hablar mucho de ello y a veces hasta se jactan. Desde luego, mucha de esta jactancia es sólo ilusión deseosa. En ocasiones insultan directamente a los que piensan de otro modo y los llaman puritanos fastidiosos o los acusan de ingenuidad o de hipocresía. Esto puede intimidar a cualquiera.

Por otra parte, los que consideran que las relaciones sexuales deben esperar hasta el matrimonio, tienden a considerar este tema un asunto privado y no andan alardeando acerca de sus creencias. Así que por lo general parece que son de lo que en realidad son menos. Las encuestas indican que un gran número de personas cree que se debe esperar hasta el matrimonio para tener relaciones sexuales. Sin embargo, algunos estudios indican que la mayoría de los jóvenes cree que las relaciones sexuales están justificadas entre dos personas que se aman. Esto significa que un gran número de adolescentes cree que es correcto practicar las relaciones sexuales antes del matrimonio.

Nadar en contra de la corriente requiere coraje. Aquí presento tres sugerencias que te ayudarán a fortalecer tus creencias:

1. Pon por escrito tu filosofía sobre el sexo. Te ayudaría que leyeras primero algunos libros cristianos al respecto. Después trata de expresarlo con tus propias palabras.

Cuando alguien hable del asunto pregúntate: *¿Qué diría yo aquí? ¿Cómo respondería a esta pregunta?* Aunque nunca abras la boca en una discusión pública, aprenderás a pensar con claridad lo que crees y por qué lo crees.

2. Busca personas que compartan esa filosofía.

Puedes encontrarlas en grupos organizados en tu iglesia o tu comunidad, o simplemente uno a uno. Rompe el silencio intimidado. Comparte con ellos tu opinión acerca del sexo y pídeles que te digan qué creen ellos. Si es posible pónganse de acuerdo para apoyarse unos a otros en oración. Es triste que la mayoría de las personas sólo comparten su opinión sobre materiales sexuales con la persona con quien salen. Un grupo de amistades que piensen como tú, puede proporcionar una presión de iguales *positiva*.

3. Incluye el sexo en tus oraciones diarias, ya sea que estés bajo presión o no, para que seas ayudado y guiado en tu camino hacia la ilusión. Muchas veces en nuestras oraciones sólo nos preocupa lo inmediato. No; ora a largo plazo, ora por tu vida entera y la dirección que ha de tomar.

Algunas personas han encontrado de mucha ayuda orar a diario por la persona con que se habrán de casar guiados por Dios. Aunque no saben quién es ni cómo es, oran por que la integridad y el carácter de su futuro cónyuge crezca y él se acerque más a Dios y sea protegido de caer en tentaciones.

Ora también por ti mismo, para que tú también crezcas en lo mismo y así cuando te cases puedas estar preparado para vivir la ilusión.

COMO DECIR QUE NO A ALGUIEN A QUIEN AMAS

Sería mejor si no salieras nunca de cita ni te ligaras emocionalmente con nadie que no comparta tus valores básicos. Pero para ser perfectamente realistas, eso pasa. A veces te gusta tanto una persona, que vas contra tu buen juicio. Asimismo a veces no sabes cuáles son sus verdaderas convicciones, hasta que no están envueltos románticamente. No es común que la gente publique su filosofía sobre el sexo.

Según el amor de dos personas va creciendo, se van sintiendo más y más presionados a rebajar sus normas de moral. Alguna vez hasta puedes ligarte con una persona que de pronto parece cambiar sus valores. En la emoción del momento, con la excitación amorosa en su mejor punto, puede echar por la borda todas sus ideas de "esperar hasta el matrimonio". Entonces vas a saber lo que es presión —de parte de alguien que te gusta, y que quizá hasta amas.

Es difícil decir que no a alguien especial por dos razones. Primero, no sabes qué decir. Muchos tienen sólo una vaga idea de que quieren mantenerse vírgenes hasta que se casen, y cuando se les pregunta por qué, no saben cómo contestar. No cuesta mucho convencerlos de que cambien de ideas, puesto que de entrada, no tenían convicciones sólidas. Evidentemente sus cuerpos bien dotados dictarán su comportamiento a partir de ese momento.

Sin embargo, cuando tienes una idea clara de lo que crees, puedes defenderlo y ser fiel al mismo. Por eso es bueno saber expresar con palabras lo que opinas del sexo, no sólo al decirle que no a tu grupo de amigos, sino a esa persona tan especial a quien has comenzado a amar.

La segunda razón por la que la gente no sabe decir que no, es que tienen un concepto de sí mismos muy débil. Temen que al decir que no, pueden perder la persona que están empezando a amar. De modo que acceden.

Recibí una carta de una chica que estaba desesperada por ayuda:

Tanto mi novio como yo tenemos diecinueve años. Yo estoy en otro país ahora y la distancia nos ha acercado más. El dice que me ama y yo lo amo también. Pero en una de sus cartas me escribió: "Te creo cuando escribes "te amo", pero cuando vuelvas quiero que me lo demuestres".

Este joven usó el truco más antiguo que existe: "Demuéstrame tu amor acostándote conmigo". ¡Y ella se estaba muriendo de miedo! ¿Por qué? Porque no quería perderlo. Estaba horrorizada por sus exigencias pero no podía imaginarse cómo sobreviviría si a él no le gustaba su respuesta.

Esta chica necesita tener suficiente respeto de sí misma como para esperar el respeto de los demás. Necesita tener suficiente autoconfianza para decirle alegremente a ese tipo que se pierda. ¿Qué lo hace tan gran cosa como para exigirle a ella que le "demuestre su amor?" ¿Por qué no demuestra él su amor respetándola a ella?

El respeto de sí mismo no se compra en ningún almacén, ni se lo puede pedir por catálogo. No hay una fórmula mágica para conseguirlo. Eso te lo das tú mismo, porque sabes que lo mereces, porque Dios te hizo y te ama, y quiere darte más cosas buenas que las que puedas imaginarte.

Pregunta: Hace poco me comprometí con un muchacho realmente agradable. Me place decir que me pidió que me case con él sin saber cómo voy a reaccionar en la cama. En otras palabras, me lo pidió porque me ama. Yo también lo amo mucho. Hemos comenzado a acercarnos sexualmente más de lo que nunca pensé que llegaríamos. Comenzamos a acariciarnos, no mucho, sólo de vez en cuando. Ultimamente he sentido deseos de ir más lejos, y él también. Ninguno de los dos nos sentimos presionados. Creo que pudiera decirse que tan sólo nos sentimos interesados. ¿Son censurables estos sentimientos de interés? A veces deseo hacer el amor con él porque me siento tan bien con él. Yo sé que él también lo desea, pero me alegro de que cuando le digo que no o que pare, él no me lo echa en cara. A veces yo no quiero decir que pare. ¿Qué debo hacer en esos momentos?

Respuesta: Ciertamente no debes sentirte culpable. No hay nada de malo en esos "sentimientos de interés". Es más, hay mucho de normal en ellos. Esos sentimientos son parte de la preparación para el matrimonio. La mitad del gozo de una celebración es la anticipación que lleva a la misma. Por eso nos entusiasmamos tanto con la *temporada navideña*. Si el día de Navidad llegara de sopetón cada año sin que nadie pensara en él con anticipación, no sería ni la mitad de divertido. ¿Recuerdas la agonía que sentías cuando eras pequeña de sólo pensar en los regalos que ibas a recibir? ¿Recuerdas cómo el tiempo casi se detenía y parecía que el gran día nunca llegaría? Pues no es muy diferente de lo que sienten las parejas comprometidas. Solamente te casas una vez. Debe ser tan emocionante que te deja algo mareada.

Pero también esa emoción hace difícil la espera. Es duro tener que esperar por la experiencia sexual, y esa espera es aún más difícil cuando estás enamorada y comprometida al matrimonio. Así que, ¿cómo debes bregar con tus deseos? La respuesta es simple pero no fácil. Cuando te sientas así levántate y da un paseo. Haz algo diferente. Vete de compras. Visita a una amiga y hagan juntas algo especial. No trates de *luchar* con los sentimientos, *esquívalos*. Y asegúrate de no caer en situaciones de tentación similares en el futuro.

También podrías transformar esos sentimientos en otras expresiones de amor cuando estés sola. Usa tu creatividad: Escribe un poema, una canción, pinta un cuadro, recoge flores silvestres.

No es fácil esperar, pero vale la pena. La luna de miel es el regalo que Dios te hace, y es cuando desenvuelves paquetes que son completamente nuevos. No es tan emocionante desenvolver regalos que ya abriste y usaste hace un mes.

OTRAS FILOSOFIAS ACERCA DEL SEXO

A veces es difícil defender tu propia filosofía. Casi siempre habrá preguntas que no podrás contestar a fondo.

Desde luego que la filosofía cristiana que he expuesto no es pura felicidad. Requiere mucho autocontrol cuando prefieres hacer lo que tus emociones te piden en un momento dado. Pero inevitablemente, algunos no van a admitir esto.

Pero, ¿qué de las alternativas? Los que te agobian con otras filosofías sexuales también se encontrarán con preguntas que no pueden contestar. Esto ayuda a comprender que toda filosofía conlleva dolor tanto como placer. Cuando miras la vida como un todo, encontrarás que las alternativas ofrecen mucho dolor y no tanto placer como parece.

La filosofía *Playboy* aplica la regla del placer a toda y cada situación. ¿Te hace sentirte bien? ¿No ofrece ningún daño evidente? Entonces hazlo. El típico dicho de un filósofo *Playboy* es: "¿Por qué he de privarme?"

La debilidad de la filosofía *Playboy* está .en que aquellos que la siguen, piensan a corto plazo. No invierten en el futuro a través de la disciplina, el autocontrol y el trabajo dedicado; viven para el momento. Y aquellos que viven según el principio del placer, al final no encuentran más que dolor. Además se pierden el mayor de los placeres —un amor que cala más hondo que la gran fotografía central de una revista.

Los *Playboys* no establecen matrimonios sólidos. Ni siquiera relaciones sólidas y siempre terminan solos. Esto puede parecer muy lejano ahora. Podrán pasar años y hasta décadas antes que los logros a corto plazo del afortunado *playboy* se conviertan en dolor a largo plazo. Pero sucede. Las relaciones sexuales ocasionales por placer solamente llevan a amistades ocasionales (e insensibles). Y eso lleva a la soledad.

Para nuestra sociedad como un todo, la filosofía *Playboy* produce muchísimo sufrimiento. Consideremos los millones de abortos y niños no deseados. ¿Y qué decir de la pobreza que enfrenta la mayoría de las madres solteras? ¿Y qué de las mujeres que terminan ajadas y rechazadas, su belleza arruinada a los cuarenta años? ¿Y qué de los niños que jamás conocerán padres? Lo que comienza como un placer, produce cicatrices que quedan toda la vida.

La filosofía del Amor aplica la regla del amor de la misma forma que la filosofía *Playboy* aplica la del placer. La filosofía del Amor, probablemente la más común de todas, no justifica las relaciones sexuales porque "te hacen sentir bien" ; sólo están bien para aquellos que "se aman de verdad". Porque ¿Cómo puede ser malo el amor?

La debilidad de la filosofía del Amor es que es muy vaga. ¿Qué es el amor? Un estudio realizado en los Estados Unidos reveló que más de la mitad de las niñas de trece años dicen haberlo experimentado. ¿Cómo demostrar que están equivocadas? También se les preguntó a jovencitas de quince años que tenían relaciones sexuales, si pensaban casarse con sus respectivos compañeros. Casi la mitad respondió que sí. Pero al preguntar a los muchachos, un 82 por ciento de ellos dijo que no. Evidentemente el concepto que los muchachos y las muchachas tenían de sus respectivas relaciones eran muy diferentes.

Con todo, sin lugar a dudas esas muchachas (y probablemente los muchachos también) sentían fuertes emociones. ¿No es eso amor? En teoría, es natural apoyar las relaciones sexuales entre aquellos que "verdaderamente se aman". En realidad, sin haber una vara para medir el amor, aquellos que "verdaderamente se aman" resultan ser los que se implican emocionalmente —y esto incluye a casi todo el mundo. La filosofía del Amor practicándose casi del mismo modo que la filosofía *Playboy*. "Si te hace sentirte bien (amando), hazlo". Los resultados —relaciones a corto plazo, soledad, la espiral descendente de la promiscuidad sexual —son todo menos amorosos.

La filosofía de la Experimentación hace una distinción entre dos fases de la vida. En la primera, la persona experimenta con su sexualidad. En la escuela secundaria en la universidad y en sus primeros años de soltería no está lista para tomar estado, así que prueba diferentes experiencias sexuales sólo por probar. Siempre y cuando use métodos anticonceptivos y trate de actuar "responsablemente", puede hacer cualquier cosa. Luego, cuando alcanza edad suficiente para tomar estado, comienza a seguir normas diferentes. En vez de experimentar, procura casarse y apegarse a una sola pareja.

Una debilidad de la filosofía de la Experimentación es que entraña un menosprecio de los jóvenes, pues sugiere que no saben nada de la vida y que sólo están jugando juegos sexuales. Que no son capaces de disciplinarse ni de desarrollar el carácter que necesitarán durante la vida. Que sus noviazgos y relaciones no tienen realmente mucho significado. Es como si estuvieran en la arena construyendo castillos. "No pueden hacer ningún daño; déjenlos que jueguen", dice esta filosofía.

Pero la vida no es así. La forma en que se comporta uno a los dieciocho años dictará la forma en que vivirá a los veintiocho. La vida es una línea continua. El hoy está conectado al mañana. La persona que jamás ha hecho un compromiso en su vida no será muy diferente más adelante en la vida.

En "experimentación sexual" no es posible la realidad. Ninguna experiencia deja una marca tan duradera como el acto sexual. Aquellos que han usado sus años de adolescente para "experimentar" han hecho la peor preparación posible para una vida de amor y compromiso verdaderos.

ARGUMENTOS CAPCIOSOS
Muchas veces la filosofía no tiene nada que ver con la presión que alguien ejerce sobre ti. No te hace preguntas sinceras, sino que trata de manipularte para que hagas algo que de otra manera no harías. Sigue insistiendo, si la presión continúa, tendrás que tomar su insistencia por lo que es: labia persuasiva.

¿Qué puedes decir cuando alguien trata de ejercer presión de esa manera? A veces tienes que desmenuzar en trocitos de tamaño de bocado tu filosofía:

Argumento: "Si me amas de verdad, lo demostrarás dándome todo tu amor".
La respuesta: "Si me amas de verdad lo demostrarás no pidiéndome nunca más que haga algo que va en contra de mis creencia".

Argumento: "Me siento frustrado. Me duele amarte tanto y con todo tener que aguantarme de expresarlo".
La respuesta: Vale la pena el sacrificio.

Argumento: "Eso hará crecer nuestro amor".
La respuesta: "Me preocupa hasta dónde".

Argumento: "Nos acercará más".
La respuesta: "¿Como a la gente de Hollywood?"

Argumento: "Todas las demás lo hacen".
La respuesta: "Entonces sal con ellas".

Argumento: "¿No crees que nuestro amor lo justifica?"
La respuesta: "No. Creo que nuestro amor justifica que esperemos a casarnos".

Argumento: "¿Qué puede haber de malo en algo tan amoroso?
La respuesta: "Los sentimientos de amor están bien. Lo que me preocupa son los sentimientos que vienen después que pasa el amor".

Argumento: "Nos vamos a casar. ¿Qué más da si hacemos el amor antes o después de la ceremonia?"
La respuesta: "Probablemente lo mismo que si practicas la medicina antes o después de graduarte".

Argumento: "Hoy en día ya nadie es virgen".
La respuesta: "Entonces ¿piensas que no soy nadie?"

Argumento: "Eres frígida".
La respuesta: "La manera en que me tratas es lo que me da los escalofríos".

Argumento: "No te preocupes, pararemos antes de llegar demasiado lejos".
La respuesta: "No te preocupes, ya hemos parado".

Argumento: "Lo haremos esta vez nada más".
La respuesta: "Cuando lo haga una vez con alguien es porque lo voy a hacer mil veces más".

Argumento: "Me aseguraré de que no quedes embarazada".
La respuesta: "No, por favor; yo me aseguraré de ello. Yo uso un método ciento por ciento seguro —la abstinencia".

Argumento: "Lo que tenemos es tan hermoso, ¿por qué hemos de privarnos?"
La respuesta: "No fue eso lo que Eva preguntó a Adán?"

Argumento: "Pero dime, a ¿qué viene eso de esperar?"
La respuesta: "¿Has probado alguna vez la diferencia entre una fruta madura y una verde?"

Argumento: "No sabes lo que te estás perdiendo".
La respuesta: "Tienes razón. En realidad *nadie* tampoco sabe lo que te estás perdiendo tú".

Argumento: "Si te empeñas en ser tan estricta, pudieras perderme".
La respuesta: ¿Me estás amenazando? ¿No sabes que perder a alguien que me amenaza sería más ganancia que pérdida?"

La *mejor* respuesta para alguien que te presiona es: "*Adiós*".

Pregunta Fui novia de un muchacho por cuatro años y en realidad nos amábamos. Aun cuando yo era cristiana y sabía que estaba mal, tuvimos relaciones sexuales con regularidad. Después nos separamos y luego volvimos. Dolió tanto cuando nos separamos que supe que la única forma de librarme del dolor era volverme a Dios. Esto me ayudó y llegué a ser una cristiana mucho más fuerte —excepto por mi falta de fe para decirle no a las relaciones sexuales. Volvimos juntos otra vez, pero desde entonces la intimidad sexual ha sido una lucha difícil para mí.

Mi novio también es cristiano, pero no ve nada malo en que tengamos relaciones sexuales mientras nos amemos.

Además, ya no estoy tan segura de amarlo, pero creo que debemos permanecer juntos porque la Biblia dice que cuando dos personas se unen sexualmente, vienen a ser una ante los ojos de Dios. ¿Quiere decir esto que si yo quiero hacer la voluntad de Dios debo permanecer con él porque ahora Dios nos ve como uno?

Sé que la respuesta lógica a mi pregunta acerca de las relaciones sexuales es que debo tener más fe, pero ¿cómo puedo hacer entender esto a mi novio? ¿Y cómo podemos seguir juntos y luchar con este impulso? Hemos hablado de esto miles de veces y no llegamos a ningún lado.

Respuesta: Me temo que no creo que "más fe" sea la respuesta lógica a tu pregunta. La respuesta lógica, o por lo menos la más práctica, es que se separen. La necesidad sexual, especialmente después de haber sido por tanto tiempo algo tan normal en sus relaciones, sería muy difícil de resistir aún cuando ambos estuvieran de acuerdo. Y mientras que tu novio no vea nada malo en ello, no vas a triunfar. Nunca lo he visto funcionar.

Por lo tanto tu elección es difícil: Continuar así o separarse. Y ambas cosas son dolorosas. Sin embargo, la forma en que describes tu situación presente me hace dudar de que sus relaciones tengan un buen futuro. Y la razón que me das para estar juntos no es buena.

¿En qué parte de la Biblia has leído que dos personas que tienen relaciones sexuales vienen a ser una ante los ojos de Dios? Lo que la Biblia dice es que el acto sexual hace de los dos "una sola carne". Esto no es lo mismo que estar casados. Si fuera así, el consejo de Pablo a los que andaban con prostitutas sería: "Ve y busca la prostituta con que estuviste y múdate con ella". En realidad su consejo es totalmente opuesto: "Huye". (Ver 1 Corintios 6:15-20).

Para los casados, venir a ser "una sola carne" es maravilloso. La intimidad sexual afirma y fortalece su compromiso. En una forma sutil pero poderosa el acto sexual los une. Pero entre dos personas que ni siquiera están seguros de su amor, y

que no han hecho ningún compromiso duradero, la intimidad
sexual está terriblemente fuera de lugar. Es como si dos
animales salvajes de diferentes especies estuviesen encadenados
juntos: No les pertenece estar juntos; no están comprometidos a
estar juntos, pero los une la fuerza emocional y espiritual de lo
que hacen. Estas relaciones raramente llevan a un buen
matrimonio, y la cadena que llevan puede causarles heridas
profundas a los dos, dejando cicatrices que durarán toda una
vida.

CAPITULO ONCE

Cómo encontrar el perdón

En enero pasado una conferenciante que vino a mi iglesia habló de estar orgullosa de ser virgen. Eso me hizo sentirme muy mal y comencé a llorar. Al decírselo a mi novio, me dijo que no me preocupara pues para él yo seguía siendo virgen, aun cuando había sido violada de mi virginidad.

He encontrado un hombre maravilloso que ha perdonado mi pasado, pero aun así yo no puedo perdonarme a mí misma.

¿Puedes volver a ser virgen? Es ridículo. ¿Por qué no pedir, ya que estás en esto, volver a vivir el verano pasado? Con todo muchas hacen esta pregunta. Yo aprendí a las malas. Ahora necesito saber cómo responder a aquellos que quieren saber. ¿Puedo decirles que soy virgen?

La respuesta correcta a quien te pregunte: "¿Eres virgen?" es simplemente: "A usted no le importa". O pudieras preguntarle por qué quiere saberlo. Por lo regular nadie tiene buenas razones para inmiscuirse en tu vida personal, y casi siempre es sólo curiosidad o chisme. Muchas veces es para desairarte. Si eres virgen te tildan de tonta, y si no lo eres, no eres mejor que nadie. De todas formas sales perdiendo. Así que ¿para qué competir? Tus asuntos privados deben mantenerse privados.

Pero aun si no lo dices a nadie, ¿qué te dices a ti misma? ¿Es posible volver a empezar si quisieras? ¿Puedes ser virgen nuevamente?

UN NUEVO COMIENZO

Cierta vez un hombre le hizo una pregunta similar a Jesús. "¿Cómo puede un hombre nacer siendo viejo? ¿Puede acaso entrar por segunda vez en el vientre de su madre, y nacer?" (Juan 3:4). Jesús le respondió hablándole de un segundo nacimiento de tipo espiritual. "Lo que es nacido de la carne, carne es; y lo que es nacido del Espíritu, espíritu es")Juan 3:6). Tu virginidad física la puedes perder una sola vez. Si la perdiste, la perdiste. Una segunda oportunidad nunca es igual que la primera.

Pero sí es posible comenzar de nuevo espiritualmente. Esto no significa que olvidarás todas las consecuencias físicas y emocionales de tu pasado. El renacer espiritualmente no borra tu pasado. Lo transforma. Espiritualmente, una segunda oportunidad significa que no hay límites para lo que puedes llegar a ser. El Dios que hizo el universo de la nada puede tomar la materia prima de tu pasado y hacer algo hermoso con ella.

Este es el tipo de transformación de que hablaba el apóstol Pablo al escribirle a un grupo de cristianos de Grecia. Tenían mucho que lamentar, pero por ser cristianos, su pasado había sido transformado. "No erréis; —les dijo— ni los fornicarios, ni los idólatras, ni los adúlteros , ni los afeminados, ni los que se echan con varones, ni los ladrones, ni los avaros, ni los borrachos, ni los maldicientes, ni los estafadores, heredarán el reino de Dios. *Y esto erais algunos*; mas ya habéis sido lavados, ya habéis sido santificados, ya habéis sido justificados en el nombre del Señor Jesús, y por el Espíritu de nuestro Dios" (1 Corintios 6:9-11; cursiva del autor).

Habéis sido lavados. Suavemente, tiernamente, tus heridas han sido lavadas y limpiadas, y ahora se están sanando y no infectándose.

Habéis sido santificados. Esto es, ahora eres libre del pecado. Ante los ojos de Dios eres santa y has sido apartada para su uso especial. El te ha escogido.

Habéis sido justificados. Has sido hecha justa a los ojos de Dios. Ahora eres suficientemente buena para El, y

por lo tanto eres suficientemente buena para cualquiera.
Esto es, ciertamente, un nuevo comienzo.

La transformación

¿Cómo comenzar esta transformación? Por ti misma no
puedes. Necesitas el poder de Dios. ¿Y dónde lo
encuentras? Lo pides. Así es de simple y poderoso. Dios
está muy cerca de ti. La transformación espiritual
comienza tan simple y misteriosamente como es abrir tu
boca y hablarle. Le pides a Dios que te perdone y te
cambie y El comienza a sanarlas y te conviertes en una
nueva criatura con la ayuda de Dios.

Si has experimentado esto, ¿puedes llamarte virgen a
ti misma? Es cuestión de terminología ¿cómo se describe
mejor tu nuevo comienzo?

Decir: "Soy virgen", confunde. Una mejor palabra
para referirse específicamente al estado de tu espíritu es
virginal, que quiere decir: como una virgen —llena de
expectación, de esperanza y de inocencia. Tu pasado no lo
puedes cambiar, pero sí la forma en que te afecta.

Puede ser que esto no aclare tu reputación, pero sí
despeja tu futuro. Eres como una persona nueva. En tu
vida la ilusión ha revivido.

LA CULPABILIDAD

Los cristianos creen que el perdón llega más rápido que un
relámpago. La obra dolorosamente difícil fue realizada
hace muchos años cuando Jesús murió en la cruz por
nuestros pecados. Puesto que la obra está completa, el
perdón y el nuevo comienzo son dados instantáneamente a
todos aquellos que con sinceridad lo piden.

Pero si has tenido relaciones sexuales, los recuerdos
perduran, y a menudo los acompaña una sensación de
culpabilidad. Es extraño, pero muchos que se sentían
culpables mientras duraron sus relaciones sexuales, a veces
sienten una culpabilidad abrumadora después que las
mismas terminan.

Pero ¿qué es la culpabilidad?   ¿Y qué son los sentimientos de culpa?

La culpabilidad es un hecho objetivo. O fallaste en lo que Dios quería que fueses, o no. Tus sentimientos no cambian los hechos. Los sentimientos de culpa son tu respuesta interna y emocional, y no siempre son dignos de confianza. Hay quien nunca se siente culpable. Hay quien se siente culpable aun cuando no haya hecho nada realmente malo. Hay quien se siente culpable mucho después de haber recibido el perdón de Dios.

Lo que llamamos una conciencia culpable es con frecuencia una mezcla de sentimientos de remordimiento, de pérdida, de tristeza y de auto-reproche. Estos son sentimientos naturales en alguien que ha estado activamente envuelto en relaciones sexuales.

Por lo regular el *sentimiento de culpa* no cambia cuando cambia el *hecho* objetivo de la culpabilidad. Al igual que otras consecuencias naturales, como el embarazo, los sentimientos no siempre desaparecen cuando Dios transforma tu vida. Pero su efecto sobre ti sí es quitado.

Jesús no murió en la cruz para quitar tus sentimientos. Murió para quitar tus pecados. Una vez limpia de tus pecados, puedes laborar en transformar tus sentimientos. No es necesario que te lleven cuesta abajo. Al ser tú transformada, pueden proporcionarte una renovada compasión por otros que experimentan el mismo dolor. Y pueden originar en ti una viva determinación de no pecar de nuevo.

Muchos se impacientan con este proceso, pues transformar tus sentimientos lleva tiempo. Se preguntan si podrán sobreponerse y dejar de sentirse culpables, y de revivir aquellas experiencias. La respuesta es sí —dándole tiempo y estando en un ambiente sanador es posible. Quizá lleve más tiempo del que pensaste, pero es difícil sobreestimar el poder de las experiencias sexuales. Se toman mucho tiempo para borrarse de la memoria.

En cierto sentido, ese tiempo es bueno para ti. Estás pasando como por un proceso de pesadumbre. Normalmente se piensa en el pesar cuando muere un ser querido pero apesadumbrarse por la pérdida de la inocencia puede ser algo parecido. Lleva tiempo poner en orden las emociones y no puedes apurar el proceso.

Muchos tratan de hacerlo, sin embargo, en diversas formas. Buscan a otra persona que "reemplace" el amor perdido. Se van para otra escuela, otra ciudad, otro trabajo. Tratan de orar en forma más intensa o diferente, esperando que Dios obre una cirugía especial en sus recuerdos. A menudo estas técnicas de "apúrate" empeoran las cosas. Se apresuran a tener nuevas experiencias que no están emocionalmente listos para enfrentar, y cuando surgen problemas, caen aún más bajo que antes. El amor de "rebote" es un ejemplo clásico.

Cuando estás en la fase de recuperación es mejor darte tiempo y espacio. Deja que se curen tus heridas. Si confías en que a su tiempo Dios te restaurará completamente, y te abandonas en sus manos es más fácil esperar pacientemente.

Necesitas un ambiente sanador donde tengas el aliento de amistades y familia que oren por ti, hablen contigo y te apoyen. Si te estás sola con tus recuerdos, nada garantiza que con el tiempo te sanarás. Puedes llegar a amargarte grandemente, y de hecho algunos se amargan. Aquellos que están heridos necesitan de otros que los ayuden a reanimarse nuevamente, y a sentir la gracia perdonadora de Cristo, con su amor sincero y profundo.

No puedo parar

Hay otro tipo de culpabilidad que es mucho más difícil. Es la culpabilidad que se renueva a diario porque estás atascada en un hábito sexual que no puedes dejar. En situaciones sexuales, muchos luchan con la dinámica que describió Pablo en su carta a los romanos: "El querer el bien está en mí, pero no el hacerlo. Porque no hago el bien que quiero, sino el mal que no quiero, eso hago" (Romanos 7:18, 19).

Tiemblo al pensar cuántas personas conozco que saben apreciar el verdadero significado de las palabras de

Pablo. Se aborrecen a sí mismos por lo que no pueden dejar de hacer —pero el aborrecerse no los ayuda a dejar de hacerlo. Aquí tenemos un ejemplo típico:

Mi novio y yo nos vamos a casar dentro de tres meses. Nos rodea un sentido de culpabilidad. Estamos atrapados. En parte por culpa mía, no nos hemos mantenido puros. Lo forcé a acceder a mis antojos. Ahora no podemos volver atrás. Hemos tratado de parar, pero no hemos podido. ¡Hemos fallado tantas veces! ¿Quién se mantiene puro? Ninguna de mis amigas cristianas de mi edad (veinte años) es aún virgen.

En lo sexual, todos luchamos con una ley que ha sido incluida como parte integral de nuestro sistema biológico, que dice: "¡Adelante!" Las parejas van: de tomarse de las manos a besarse, de besarse a las caricias, de allí al acto sexual. No necesitan un libro que les diga qué viene después. En cada punto su cuerpo los apremia a que sigan. La misma ley lleva a las parejas que han tenido relación sexual a volver a tenerla una y otra vez —aun si están determinadas a parar debido a que se sienten miserablemente culpables.

Esta ley ayuda a las parejas casadas, pues aun cuando estén disgustados el uno con el otro, la atracción sexual los une otra vez. El acto sexual ayuda a curar y restaurar sus relaciones maritales. El poder de las relaciones sexuales es un vínculo entre ellos ¡Pero si no están casados, y su amor no ha llegado al punto del compromiso, y aun así han ido "hasta el final" en lo que a sus cuerpos se refiere entonces tienen un problema. Parar las relaciones sexuales es algo más que tan sólo tomar una decisión. Tienen que luchar contra las leyes del impulso sexual, lo que es algo así como luchar contra la gravedad.

Es imposible luchar contra la gravedad sin usar algún equipo especial, como un par de alas y un motor. Tampoco puedes luchar contra la gravedad sexual sin ayuda. Por lo general esto significa: (1) La ayuda de alguien que se encuentre al margen —un cristiano compasivo que ore por ti, y ante quien seas responsable de tu comportamiento; (2) Una reestructuración completa de tus relaciones.

No puedes retroceder un paso en la intimidad sexual. Necesitas un cambio radical. Si de verdad deseas parar, aquí tienes la receta que recomiendo:

● Supriman el encontrarse solos. ¿Quieren hablar? Háganlo en un restaurante o en un centro comercial.

●Vuelvan a los besos de "Buenas noches", breves e inocentes. Dejen que su cuerpo se acostumbre nuevamente al gozo de tomarse de la mano.

● Pasen su tiempo con grupos de personas. Si no existen grupos ya organizados, en la escuela o en la iglesia, formen uno ustedes mismos. Inviten algunos amigos a que los acompañen adondequiera que deseen ir.

● No ingieran alcohol ni vayan a ver películas dudosas. Si van a un concierto o a una fiesta, asegúrense que no sean extravagantes. Manténganse al margen de situaciones que los inviten a volver a las viejas andadas.

Puede que no sea un proceso placentero. Podrá aun parecer ridículo y hasta infantil. Extrañarán aquellos encuentros íntimos y personales, esas conversaciones susurradas. Extrañarán el contacto físico: Encontrarse en público parece tan impersonal. Hasta se preguntarán si vale la pena el sacrificio.

Bueno, sólo aquellos que estén decididos a hacer lo que es correcto a pesar del sacrificio, sabrán que sí vale la pena el esfuerzo para mantener viva la ilusión.

En primer lugar, es mucho más fácil mantener el sexo bajo control, que probar y luego ponerlo nuevamente bajo control. Sin embargo, es posible hacerlo. Muchos lo han hecho. Se han levantado de sus errores para vivir la ilusión.

Han descubierto que las conversaciones no tienen que ser susurradas para tener significado. Han descubierto que el amor no depende de la intimidad física. No que la atracción sexual ya no exista, sino que han descubierto que cada uno ama el alma, y la personalidad del otro. Al mantener el sexo controlado, han encontrado motivos más profundos para amarse. Y hasta en la atmósfera impersonal que hay a la vista del público, sólo les importaba estar juntos.

Pregunta: Mi novio y yo estamos saliendo juntos desde hace más de un año. Nos conocimos cuando ambos andábamos con el mismo grupo. Tengo dieciocho años y él veintiuno, y ahora soy madre de una niña de cinco meses de nacida.

Esto es mi problema: Cuando nos conocimos, salíamos de fiesta juntos. (Aunque soy cristiana, hace unos tres años estoy apartada). En aquel tiempo yo no sabía que él era alcohólico. Bueno, obviamente ahora sí lo sé. Me gustaría volver con el Señor. Me siento tan fuera de lugar. Amo a Rick, pero sé que sin el Señor no podré llegar a él nunca. Hay una parte de mí que quiero compartir con él desde hace tanto tiempo. El sabe que soy cristiana, pero eso es todo lo que sabe.

Nuestras relaciones van de mal en peor a causa de su vicio e irresponsabilidad. En cuanto a mí, estoy cansada de la vida que llevo. Quiero a Cristo en mi vida nuevamente, pero me siento tan derrotada y agotada. Puedo oír la voz del Señor que me llama a que vuelva. Me ha dado una niña preciosa y una oportunidad para empezar de nuevo y criar a mi hija como El quiere, pero no sé qué hacer.

Rick necesita ayuda con su hábito y yo la necesito en lo espiritual. No podré testificarle hasta que no arregle mi vida yo misma. Mi situación es complicada y estoy segura de que usted sabe que sólo estoy rascando la superficie. Le agradecería de veras cualquier consejo que pudiera ofrecerme por lo que le he contado.

Respuesta: Sí que tu situación es complicada. Suenas tan cansada como una anciana —es difícil creer que sólo tienes dieciocho años. Mi consejo es el siguiente: Necesitas ayuda. No vas a poder arreglar tu vida por ti misma con sólo un consejo mío. Necesitas de algunos cristianos que muestren solicitud por ti, se preocupen por ti con regularidad y proporcionen algunos consejos experimentados tanto para ti como para Rick. Si yo fuera tú, pondría todas mis energías en encontrar esas personas. Ojalá que todas las iglesias que encuentras en la guía telefónica pudieran darte lo que necesitas, pero me temo que personas así no abundan. Sin embargo, existen. Busca una iglesia que crea y practique la Biblia y comienza a llamar pastores. Y no desistas hasta que encuentres la ayuda que necesitas.

Creo que ésta es la única manera de adquirir sabiduría para saber cómo tratar con Rick cómo controlar las circunstancias en que se encuentran. El alcoholismo, tu hija la actitud de Rick hacia el matrimonio —todos éstos son factores que deben ser considerados con cuidado y oración.

Lo que me impresiona es el agotamiento y la aflicción que pueden invadir la vida de una persona en solamente un año. Estoy seguro de que sólo querías divertirte. Dudo mucho que se te ocurriera alguna vez que pudieras sentirte tan cansada a los dieciocho años de edad. Sin embargo, así como es esto de sorprendente, también lo será la renovación que puede venir a tu vida de parte del Señor. ¿Lo deseas de nuevo en tu vida? Tengo buenas noticias para ti —El también quiere que vuelvas a El.

Lee en tu Biblia una de las parábolas de Jesús: la del hijo pródigo (Lucas 15:11-32). Algunos han afirmado que a esta parábola se le dio un nombre incorrecto, pues aunque habla del hijo pródigo perdido que regresa, centra su énfasis en el padre que espera que él vuelva. Dicen que debió llamarse "El padre que espera". Lee cómo este padre recibe a su hijo. ¿Con reproche? No. Lo recibió con un gran abrazo y le hizo una fiesta. Así tratan a sus hijos los mejores padres, y así te tratará el mejor Padre del mundo.

CAPITULO DOCE

El arte de una relación saludable

Dice un viejo mito que el amor es algo natural. Si encuentras el amante ideal (uno en un millón que es apropiado para ti), serás feliz. Encuentra la persona que te encienda que te inspire, que te excite. Esta es la clave para vivir la ilusión. *Encuentra la persona apropiada.* Entonces haz lo que viene naturalmente.

Y así, con cada posible pareja te preguntarás: "¿Es éste el indicado, aquel con quien podré establecer una unión que dure toda la vida? ¿Es esto realmente amor?

El problema está en cómo saber quién es el indicado. ¿Lo juzgas (o la juzgas) sólo por tus sentimientos? ¿O hay otros criterios más racionales?

¿Tiene que ver mi carácter algo con esto? Si el amor duradero es sólo cuestión de unir dos seres hechos el uno para el otro, entonces ¿cuál es mi papel en formar una relación saludable y creciente?

Esto no depende de algún sentimiento inconstante. Depende del carácter, depende del esfuerzo, depende de la paciencia. *Y depende de la oración.*

La pregunta clave no es entonces: "¿Cómo encuentro la persona apropiada?

La pregunta clave es: "¿Cómo puedo establecer una relación correcta?

¿QUE ES UNA BUENA RELACION?
Necesitas saber qué es una buena relación. Trata de olvidar lo que has aprendido de la televisión y de las películas.

Puede que en algunos programas excepcionales halles escondida alguna realidad, pero la mayor parte de lo que enseña la televisión en cuanto al amor, es pura fantasía, inventada por unos cuantos que pertenecen al club de las relaciones desbaratadas. Aprender acerca del amor de la televisión es como aprender defensa personal de un cartón animado del Correcaminos.

En vez de esto observa a tus padres. Sea que su matrimonio es bueno, malo o indiferente, vas a ver allí más realidad en diez minutos que en un mes de películas.

Si el matrimonio de tus padres es bueno, hazles algunas preguntas como: ¿Qué los llevó a tomar la decisión de casarse? ¿Qué los atrajo entre sí? ¿Qué cualidades creen que son las más importantes para mantener su amor vivo y creciente?

Si el matrimonio de tus padres es malo, si no tienen una relación de amor y cariño, busca otras parejas que sean ejemplos positivos y hazles las mismas preguntas. Este es un asunto en el que a todos les gusta compartir sabiduría. ¿Y cómo puedes establecer una relación fuerte y saludable si nunca has estudiado ninguna?

También necesitas ideas positivas. ¿Qué clase de persona buscar? ¿Qué cualidades hacen durar el amor? Prueba la biblioteca, o aún mejor, ve a una librería cristiana. Hay toneladas de literatura disponible.

Básicamente aprenderás esto: El establecer una relación de amor duradera tiene muy poco que ver con el buen aspecto, la popularidad o el "sex appeal". Aun los sentimientos románticos, tan buenos como pueden ser, tienen sus límites. Una vida entera de amor tiene que ver más con la confianza, el cariño, el sacrificio, el desinterés, la comunicación, la paciencia, la persistencia y la dependencia. Una vida entera de amor tiene mucho que ver con tu carácter y con el de tu pareja.

COMO LLEGAR A SER LA PAREJA ADECUADA

Walter Trobish, un sabio consejero en asuntos de amor y sexo solía decir que la gente se preocupaba demasiado en encontrar la persona apropiada, cuando debían preocuparse en *llegar a ser* la persona adecuada.

Veamos algunas especificaciones. No son mágicas, puedes tener todas estas cualidades y aún ser un arrastrado. Pero generalmente distinguen.

La bebida y las fiestas. Las personas que se emborrachan, se endrogan y andan en cosas parecidas son malas parejas. Sus oportunidades de encontrar un amor duradero son pocas, ya que ellas mismas contribuyen muy poco a su mitad en la relación. Muy persistentemente evitarán dificultades a fin de tener lo que ellos llaman "división".

Los estudios muestran una correlación muy estrecha entre chicos activos sexualmente y chicos que abusan de la bebida. Esto probablemente sea más por el ambiente de la fiesta que por el mismo alcohol. Pero el alcohol ha destruido muchas vidas y ha arruinado muchos hogares. He sabido de varias personas que han despertado al día siguiente sin recordar nada de lo que hicieron la noche anterior —pero con un terrible sentido de certeza de que algo les hicieron a ellas. Una chica lo describió así: "Después de la cuarta cerveza no recuerdo nada más, pero cuando llegué a mi casa por la mañana, no tenía el ajustador y mis panties estaban al revés. En mi corazón sé que mentalmente aún soy virgen, pero físicamente ya no lo soy". Reflexiona sobre esto ¿No es éste un terrible recuerdo para vivir con él toda una vida?

Los estudios. Las encuestas muestran también que los estudiantes que se destacan en el colegio, que estudian con ahínco, se esfuerzan trabajando y son conscientes, generalmente resultan buenas parejas. No que tengas que escoger tu pareja por sus notas escolares, pero sí puedes pensar en qué dicen de ti tus notas. Y cuando busques amor, ten en mente los rasgos característicos que esas notas pueden indicar. Aquellos que están dispuestos a esforzarse por alcanzar notas altas, con frecuencia forman matrimonios sólidos, pues también estarán dispuestos a esforzarse por lograr buenas relaciones.

La fe. Aquellos que tienen una fe firme en Dios y la viven de manera práctica (incluso de una manera tan normal como ir a la iglesia), a menudo tienen la estabilidad y el idealismo necesarios para establecer sólidas relaciones. Jesús retó a sus discípulos a que se amaran unos a otros hasta el sacrificio y ese amor es el fundamento de toda buena relación. Si quieres una buena pareja, busca en la iglesia. Si quieres *llegar a ser* una buena pareja, ve a la iglesia.

Cuando sumas todas estas cualidades, ¿qué obtienes? Alguien que no se emborracha, no toma drogas, ni parrandea; que se esfuerza en la escuela y obtiene buenas notas: que va a la iglesia con regularidad y practica con sinceridad su fe.

Aquí mismo puedes ver una razón de por qué tantos no llegan a vivir la ilusión. Sabemos lo que hace falta para que el amor dure, pero desafortunadamente se nos ha hecho creer que las personas que tienen estas cualidades son aburridas.

¿Recuerdas que te aconsejé que te olvidaras de lo aprendido en la televisión? Créeme, no hay nada de aburrido en estar enamorado toda una vida.

AL FIN —EL NOVIAZGO

Si piensas correctamente, y tu vida es recta estás listo(a) para pensar en la relación (o noviazgo). El noviazgo no es más que una prueba de carácter. ¿Tienes lo necesario para amar a esta persona el resto de tu vida? ¿Tiene esta persona lo necesario para amarte el resto de tu vida? Evidentemente éstas no son preguntas fáciles de contestar.

Sin embargo, puedes acertar bastante bien en cuanto a la persona inadecuada. Los primeros en la lista de los inadecuados son los depredadores sexuales. Para ellos, las relaciones sexuales no son más que algo que se practica sin compromiso. A menudo son personas muy atractivas, pero son mortales. Si tomas en serio el amor duradero, aléjate de esa gente. Esto significa que tienes que prestar atención a las reputaciones. No importa cuán agradables sean, cuán bien parecidas o atractivas sean —si han usado a otros, probablemente te usarán a ti también.

Habla, habla, habla

Hablando se aprende acerca de la gente más que de ninguna otra manera. Para algunos esto es natural. Hablan, hablan y hablan todo el tiempo. Otros, sin embargo, son tan tímidos que les cuesta trabajo hablar. Pero hasta para el más tímido, la comunicación es crucial. Sólo comunicándote podrás descubrir lo que hay dentro de la persona que crees que te gusta.

La persona que habla demasiado necesitaría ir más despacio y quizás escuchar más para poder comunicarse mejor, mientras que la tímida precisaría armarse de coraje para decir al menos una palabra. Pero cada pareja encontrará su propio estilo. La timidez no es un problema insuperable.

Necesitas observar también. Es bueno ver como los padres de tu novio se tratan uno al otro, pues es probable que más tarde él imite ese comportamiento. Se ha dicho también que si quieres saber cómo una chica te tratará después que te cases, debes visitar su hogar y observar cómo trata a su hermanito. Se supone que esto sea un chiste, pero hay algo de verdad en él. Observa a tu pareja en todo tipo de situación —sobre todo cuando se encuentra bajo las presiones del hogar o de la escuela. Aprenderás mucho acerca de su carácter.

BUENA COMUNICACION

Unir a dos personas en una relación íntima requiere que ambas traten de entenderse —ésto a su vez requiere comunicación. Los sentimientos maravillosos, los silencios confortables, el divertirse juntos no son sustitutos de la comunicación.

Muy pocas personas son buenas comunicadoras por naturaleza. La comunicación no es lo mismo que hablar mucho.

Tiene que ver más con escuchar atentamente. Debes explorar nuevo terreno, no tan sólo hablar de lo que has hecho últimamente o del último chisme que circula entre tus amigos. La comunicación precisa que pongas en palabras tus ideas, sentimientos y creencias que te hacen una personalidad única, pero que tu pareja quizá no comparta. Por tanto, la comunicación es una tarea difícil.

Ante todo, aquí está lo que no se debe hacer. Cuando dos personas no hallan de qué hablar se sienten tentados a llenar el silencio yendo a lo físico. En tanto que el besarse y acariciarse cubren la turbación e incluso dejan una sensación de acercamiento, no sustituyen nunca la comunicación. Si tratas de hacer que lo sean, destruirás tu relación.

De modo que ¿cómo aprender a comunicarse? No hay ninguna fórmula mágica, sólo practicar, practicar y practicar. Como en el baloncesto, te sentirás desmañado al principio. Sólo tienes que seguir practicando hasta que comiences a sentirte cómodo. Aquí tienes algunas sugerencias que te pueden ayudar:

1. Mantén tus sesiones de práctica cortas pero frecuentes. Es preferible tener una conversación a fondo cada día por cinco minutos, que hablar de superficialidades por dos horas una vez a la semana.

2. Lleva contigo una libreta y anota los pensamientos que quieras comunicar para que tu pareja te comprenda mejor. Anota los sentimientos, opiniones y conversaciones que surgen durante el día. Entonces, cuando hablen ve cosa por cosa en la lista. Haz que tu pareja haga lo mismo.

3. Aprende a hacer preguntas y preguntas complementarias. Puedes escribirlas en tu libreta también. "¿Qué hiciste hoy?" es una pregunta pobre. Trata mejor, "¿Cómo actúa tu entrenador en las prácticas?" o "¿Qué te gusta del baloncesto?"

Compartan cosas espirituales diciéndose uno al otro lo que Cristo les ha enseñado en sus estudios personales de la Biblia (no importa cuán insignificante sea). Oren juntos uno por el otro y por problemas o actividades específicas de cada uno. Entonces no estarán hablando sólo por hablar. Estarán comunicando uno con el otro a fin de ayudarse y comprenderse.

LA PAREJA SOLITARIA

Cuando están enamorados, desean la privacidad. Quieren que el mundo se aleje de ustedes. Es natural, y hasta cierto punto, bueno. Si toman su noviazgo en serio, necesitan tiempo juntos, sin distracciones.

Pero también necesitan vivir una vida normal. Una pareja sana toca el mundo que la rodea. Ellos disfrutan de la compañía de amigos mutuos; hablan a otros de su problemas, de sus esperanzas, de sus sueños; gustan de estar con la familia del otro. No se sienten importunados cuando son interrumpidos; en su tiempo juntos; se esfuerzan juntos para realizar un trabajo —hacer un pastel, limpiar la casa, o ayudar a un amigo.

La diferencia entre una pareja solitaria y una pareja sana tiene que ver con el propósito. ¿Cuál es la razón principal por la que pasan tiempo juntos? ¿Diversión? ¿Romance? ¿Observar uno al otro como posibles parejas para el matrimonio? Una pareja sana añadirá un propósito más, que se mantiene fuerte aun cuando el romance ha salido por la ventana: "Estimularse uno al otro al amor y a las buenas obras", como indica la Biblia en Hebreos 10:24.

Aun si se dan cuenta de que no son uno para el otro —si no ven la posibilidad de un compromiso vital— la relación no será tiempo perdido. Una pareja sana procura dejarse uno al otro en mejor situación que cuando se encontraron. Procuran juntos aprender a amar, para que duren la dulzura y los recuerdos placenteros. Procuran dejarse siendo mejores personas, sin recuerdos amargos ni heridas sin sanar.

Para ello, deben conocerse en un nivel más profundo. Deben conocer los sueños y los temores uno del otro. Sabiendo estas cosas y comprendiendo uno al otro deben ser solícitos uno por el otro. Por solicitud entiendo: atender, proteger, servir, estimar y amar.

EL SEXO BAJO CONTROL

Un noviazgo sano no ignora el entrejido sexual. Debe ser apreciado y observado tanto como el tiempo.

La apreciación requiere que le des gracias a Dios por tu vida como hembra o varón —y por las diferencias.

La apreciación requiere que esperes con anhelo el día de tu boda, cuando puedas comenzar una vida de expresión sexual no restringida y sin fin.

La observación requiere que consideres cómo manipular este poder en tu relación presente. Ves lo importante y poderoso que es y lo observas con cuidado para que no pueda vencerte.

Aquí tienes algunas normas que debes seguir para evitar las luchas difíciles con el impulso sexual:

●*La persona que tiene la conciencia más sensible debe prevalecer automáticamente sin discusión.* Nadie debe tener que transigir nunca contra su sentido de lo que es correcto.

●*Se deben establecer y definir con claridad los límites por anticipado.* Aunque parezca embarazoso, hablen de cosas específicas. Esto no quiere decir que debes hablar de todas tus experiencias y manifestar tu filosofía total en la primera salida juntos. Simplemente quiere decir que deben hablar antes de que la situación se descontrole.

Por ejemplo fijar el límite en "besarse" puede parecer seguro, pero si se pasan tres horas simplemente "besándose", esto ni es saludable ni equilibrado. Y si se pasan tres horas besándose en un automóvil estacionado, están buscándose serios problemas.

●*No pasen los límites.* Algunas parejas trazan un límite y luego se pasan todo el tiempo inclinándose sobre él. No sobrepasen los límites de su resistencia hasta el punto de tener que decir: "No pudimos soportar". Concentren sus energías en disfrutar uno al otro, no en extraer la máxima estimulación sexual de cada actividad que han acordado.

¿POR QUE SALIR JUNTOS?
Pregunta: ¿Se glorifica Dios alguna vez en una relación

romántica que no sea el matrimonio? ¿Hay alguna razón para considerar las salidas juntos cuando no se está listo para considerar el matrimonio?

Respuesta: Yo pienso que sí. Los miembros de ambos sexos no se relacionan con los del sexo opuesto meramente en el "ministerio". Hay un arte considerable en aprender cómo comprenderse uno al otro en el contexto de una cita amistosa. El salir juntos ofrece una buena oportunidad de aprender. Luego de un tiempo puedes empezar a comprender el sexo opuesto un poco más, y también puedes aliviar un poco la soledad que nos afecta a todos.

¿DONDE TRAZAR EL LIMITE?
Uno de los límites que la Biblia establece claramente es respecto al acto sexual: las relaciones sexuales son para casados solamente.

Muchas personas que quieren honrar y obedecer a Dios en este sentido, se preguntan hasta dónde pueden llegar sin ir "hasta el final". ¿Qué está bien y qué está mal? ¿Y dónde trazaremos el límite?

Como la Biblia no da detalles explícitos, depende de nosotros formarnos una idea clara basados en lo que sabemos que está bien. Aquí se aplican varios principios:

●*Deben hacer solamente lo que sea provechoso para su noviazgo.* No se traza el límite con sólo decir: "No tiene nada de malo". Más bien deben preguntar: "¿Qué tiene de bueno?" Para que los besos y los abrazos sean buenos, deben expresar genuinamente amor y aprecio. Una pregunta realista sería: "¿Hasta dónde es necesario que yo vaya para mostrar mi amor y aprecio?"

●*Deben mantenerse alejados de aquellas actividades que crean más frustración que aprecio.* Cada vez que dos personas de sexo opuesto se tocan de manera amorosa, entran en una senda diseñada a llevar al acto sexual. Lo que se llama "caricias" fuera del matrimonio, es aludido como "juego previo" dentro del matrimonio. Un amoroso y excitante acariciarse es lo que prepara el camino para el disfrute del acto sexual.

Pero cuando no se va "hasta el final", es considerablemente menos amoroso. Nuestros cuerpos no fueron diseñados para quedarse a mitad del camino. Mientras más se adelanta en esta senda más frustrante es tener que parar. Es duro llegar a excitarse y luego parar. Los dos pueden terminar la noche sintiéndose acalorados, de mal humor e insatisfechos, y de seguro que ésto no es lo mejor.

●*El contacto físico no debe dominar las relaciones.* Sólo tienen unas horas juntos, y si pasan una buena porción de las mismas en hacerse el amor en silencio, en realidad no se están acercando uno al otro, no importa cuán cerca los haga sentirse.

●*Las partes privadas del cuerpo deben mantenerse privadas.* El acto sexual es una expresión simbólica de la unión total entre dos personas casadas, puesto que están "desnudas y sin sentir vergüenza". Esa clase de desnudez física y psicológica es solamente para personas casadas. Cuando dos personas comienzan a tocarse partes del cuerpo que normalmente se cubren, están desviándose a un territorio reservado por Dios para matrimonios.

Es difícil combinar todos estos principios en una definición práctica de "hasta dónde llegar". Indudablemente es distinta para diferentes personas. Lo que resulta estimulante para una persona, puede parecer totalmente inocente para otra. También, "hasta dónde llegar" depende de dónde están en sus relaciones. En la primera salida juntos una pareja tendrá distintas consideraciones que otra que lleve un año de noviazgo. Necesitan concordar sus expresiones físicas con el tiempo que llevan de haberse conocido y con la profundidad de su compromiso mutuo. Y es necesario también que encomienden esta área de su vida a Dios—dando sus cuerpos como sacrificio vivo a El (Romanos 12:1.

Basado en las experiencias que muchos han

compartido conmigo, tengo la convicción que es buena idea limitarse a tomarse de las manos o besarse en las salidas juntos. El tocar partes del cuerpo que son privadas, incluso los senos y los muslos, genera una excitación sexual que es difícil de contener y que sólo lleva a la frustración. La intención de Dios fue que esto fuera parte del acto de amor —una maravillosa experiencia de gozo para parejas casadas solamente

¿CARICIAS?

Pregunta: ¿Se prohíben las caricias?

Respuesta: Comencemos con una definición. *Acariciarse* puede significar:

    a. Abrazarse de manera que las manos acaricien la espalda y los costados del compañero.

    b. Tocar los senos y la ingle a través de las ropas.

    c. Tocar los senos y la ingle por debajo de las ropas.

    d. Acostarse pegados uno al otro o uno encima del otro.

    e. Tocar los órganos sexuales.

    f. Tocar los órganos sexuales a fin de lograr el orgasmo.

Cuando te preguntas si las caricias son pecado, lo primero que debes hacer es mirar en la Biblia. Sin embargo, no hay nada en la Biblia que nos indique específicamente si alguna de estas actividades son censurables o no fuera del matrimonio. Lo que sí enfatiza es que Dios planeó el matrimonio como el ambiente seguro y amoroso donde el marido y la mujer pudieran disfrutar su sexualidad. En tiempos bíblicos la gente hubiera reconocido cualquiera de las actividades mencionadas como preliminares al acto sexual y experimentadas dentro del matrimonio.

La pregunta es ésta ¿Debe una pareja que se ama disfrutar de los preliminares del acto sexual siempre y cuando "paren" antes de llegar hasta el final? Después de todo se disfrutan y no ocurren embarazos, herpes, SIDA, etc. Entonces, ¿es solamente el coito lo que se prohíbe a las parejas no casadas? Existe algún límite antes del acto sexual donde debamos parar?

Yo creo que sí. La Biblia no nos lo dice con exactitud y es posible que los cristianos tengan diferentes puntos de vista al respecto. Estas son mis conclusiones. Sea que estés o no de acuerdo con ellas, espero que las consideres seriamente y las uses para formar algunas normas definidas propias tuyas.

Muy a menudo las parejas actúan al revés —prueban algo, y luego consideran si está bien o no. Esta es una receta de racionalización. Es mejor determinar de antemano lo que es correcto para ti como cristiano y atenerte a ello.

Para empezar, descarto dos extremos. Por una parte, estoy en desacuerdo con aquellos cristianos que piensan que las parejas deben tratarse como "hermanos" hasta que se casen. Esto es un mundo imaginario y yo creo que los cristianos deben vivir en el mundo real. Las personas de sexos opuestos se sienten atraídos uno al otro y no hay razón para sentirse avergonzado de ello. Esto es bueno, pues Dios nos hizo así. Yo creo que es bueno comunicarse esa atracción, siempre que seas hecho con genuina solicitud para protegerse uno al otro de daños. Cuando se trata de pretender que los sentimientos no están ahí, con frecuencia se termina con relaciones falsas.

Por otra parte, no comparto la idea de aquellos que hacen de la virginidad algo técnico. Los tales dicen que siempre y cuando dos personas no lleguen realmente al coito, están bien. Yo pienso que la importancia que Dios le da a la virginidad no es un asunto de anatomía sino de privacidad. El quiere que la gente reserve ciertas "partes privadas" para su cónyuge solamente. Sólo en el matrimonio deben dos personas encontrarse desnudas y sin sentir vergüenza, como estaban Adán y Eva. Cuando dos personas se tocan los órganos sexuales uno al otro, están haciendo algo reservado para parejas casadas solamente. Por tanto, los puntos *e* y *f* de mi lista quedan totalmente descartados.

Yo también descartaría los puntos *b, c,* y *d*. No son actos tan íntimos como tocar los órganos sexuales, pero creo que hacen más daño que bien a las relaciones. Estas son las razones por las que opino así:

1. *Causan frustración.* Mientras más el avance, más difícil se hace parar. Todavía no he oído decir que la frustración ayude a ninguna relación.

2. *Este tipo de caricias te hace sentirte bien, pero no continuará satisfaciéndote tanto como antes.* Gradualmente será

más frustrante que satisfaciente. Es una regla general. Tomarse de la mano te causará una tremenda emoción la primera vez, pero con el tiempo sólo hará sudar las manos. El besarse posee poder atómico al principio, pero luego se convierte en rutina. Y así cabe decir lo mismo de todo tipo de caricias. Después de un tiempo no te emocionan como al principio. El cuerpo quiere continuar y no se conformará con nada menos que con "ir hasta el final". Por lo tanto, cualquier sentimiento por bello que sea, tiende a ser de corta duración. Y tú quieres algo que te lleve a una relación buena y duradera.

3. *El tocar lleva a otras cosas.* No tiene que ser así, pero es difícil parar y seguir parando durante meses o aun años de noviazgo. Cuando tienes quince años y hablas de casarte, estás mirando la posibilidad de entre tres y siente años de tener que estar parando. Es mucho tiempo para esperar. Pero tendrás más probabilidades de éxito si estableces límites con los cuales puedas vivir fácilmente —más bien que si estimulas "hermosos sentimientos" de modo que pienses constantemente en seguir adelante.

4. *Estas áreas del cuerpo son privadas.* No son tan privadas como los órganos sexuales, pero representan un grado de intimidad que está fuera de lugar entre dos personas que solamente son novios.

Entonces, ¿dónde trazar el límite? Esto puede que sea diferente en diferentes culturas. Los musulmanes conservadores creen que aun *verse* uno al otro es demasiado provocativo, y verán el besarse como algo completamente decadente. En nuestra cultura, la mayoría de la gente puede vivir con los besos y los abrazos, sobre todo si no se prolongan mucho. (Si se besan por más de diez minutos de una vez, están buscándose problemas o quieren gastar sus labios. Un beso de quince minutos no comunica más amor y ternura que uno de dos. Sólo comunica más deseo).

El besarse y abrazarse no son en modo alguno cosa de "segunda categoría". Pueden expresar hermosos y románticos sentimientos y un amor genuino. En cierta forma son una demostración de amor mucho más cálida y personal, pues no están tan cargados de deseo sexual apremiante.

Hay una pregunta más, que estoy seguro que muchos quieren hacer. ¿Cómo vamos a parar de hacer lo que hemos disfrutado haciendo tanto? Puedo asegurarte que no es fácil. La mayoría de las personas cree que tienen su sexualidad bien controlada, hasta que tratan de dejar de hacer algo que se han acostumbrado a hacer. Entonces descubren que el poder del sexo es un elemento de la vida que los humanos encuentran difícil de controlar.

La única forma de parar es comenzar de nuevo. No trates de dar marcha atrás a tu intimidad física sólo un paso. Rompe enteramente o comienza de nuevo como si se acabaran de conocer, pero mantén la parte física muy formal —sin involucrarte en absoluto. Al principio esto será muy embarazoso pero necesitas llevar tu cuerpo atrás al punto en que encuentre el tomarse de las manos como un privilegio increíble —lo cual es en realidad.

CAPITULO TRECE

Cómo encontrar la "persona ideal"

En tu ilusión amas a una persona en particular, la persona ideal. ¿Pero y si cometes un error? La ilusión podría convertirse en una pesadilla: el horror de verse atrapado en un compromiso con la persona inadecuada. Esta fue la pesadilla de un amigo mío.

Se puso muy nervioso. Recién salido de la universidad, debía casarse en unas semanas, y ahora se preguntaba si debía seguir adelante con sus planes. Su novia era hermosa e inteligente, pero de pronto no la encontraba físicamente atractiva. No se atrevía a revelarle sus sentimientos, puesto que estaba seguro de que eso sólo la confundiría y la heriría . El mismo sentía una tremenda confusión. Como cristiano, él creía que el matrimonio era para toda la vida, y no tenía intenciones de solamente hacer una prueba. Pero ¿cómo debía interpretar su desasosiego? ¿Eran señal de que en sus relaciones faltaba algo? ¿Le estaba enviando Dios un mensaje a través de ellos? ¿O eran simplemente dudas premaritales predecibles?

Consideró esto con mi esposa, que es consejera entrenada. Ella analizó hasta cierta profundidad con él, pero no pudo encontrar nada fundamentalmente incorrecto en su relación con su novia. Con todo le tocaba a él decidir si se casaba o no; nadie podía decidir por él.

Por fin decidió casarse con la muchacha y la boda se llevó a cabo según se había planeado. Evidentemente la decisión fue correcta. El y su esposa llevan ya más de diez años de feliz matrimonio, tienen varios hijos, y estoy seguro de que sus amigos los consideran como una pareja modelo. Todo salió bien. Al mirar atrás, parece claro que nuestro amigo solamente sufrió de desasosiego prematrimonial.

Desafortunadamente, algunos tienen experiencias muy diferentes. Recuerdo una tranquila joven a quien conocí en el autobús al ir hacia mi trabajo. Siempre parecía estar distante, hasta que un día se desahogó y me contó la historia de su reciente matrimonio.

Según se acercaba el día de su boda y los regalos se amontonaban en la casa de sus padres, comenzó a dudar cada vez más en cuanto a si estaba haciendo bien. Todos tenían la mejor opinión de su novio y pensaban que se llevaba el premio gordo. ¿Pero era así? Ella no estaba segura, pero no decía nada. Todos contaban con ella y ella ni siquiera soñaba en echar a perder los planes cambiando de opinión. Pensaba que *de alguna manera las cosas funcionarían*.

La boda se llevó a cabo y fueron a París de luna de miel. Sin embargo, estando allí casi tuvo un ataque de nervios a causa del maltrato de su flamante esposo. Podía recordar vagamente que veía las hermosas calles de París, pero únicamente a través de sus constantes lágrimas. Su esposo no era nada comprensivo, y sus peores temores se volvieron realidad. Volvió a casa, hizo anular la boda y se fue a vivir con una tía en otra ciudad, para tratar de volver a poner su vida en orden. Fue entonces cuando yo la conocí. En su caso, las cosas no habían salido bien. Se habían convertido en una pesadilla.

¿QUIEN ES LA PERSONA IDEAL?

La pregunta relativa a la persona ideal adquiere más peso para aquellos que no creen en el divorcio y quieren casarse una sola vez, para toda la vida. Si tienen dudas, ¿cómo pueden resolverlas? ¿Cómo pueden saber con seguridad si han encontrado la persona ideal? Aun cuando una persona no está considerando el matrimonio y conoce a alguien, la pregunta puede pasarle por la mente: ¿Es esta la persona ideal para mí?

De los cientos de personas del sexo opuesto que llegas a conocer, ¿cómo distinguirás la que es para ti? ¿Te lo dirá un sexto sentido?   ¿O como dicen algunos "simplemente lo sabrás?"   ¿Sentirás un estremecimiento interno? ¿O existe un método de análisis computarizado que examine los valores y te haga clara la elección correcta?

Desde un punto de vista estrictamente humano, la idea misma de que de varios miles de millones de individuos que hay en este planeta, existe uno sólo —el ideal— para ti, es una idea tonta.   Aun si existiera esa persona única, ¿cómo podrías confiar en encontrarla?

Si vivieras ochenta años y fueras una persona en extremo extrovertida, y conocieras cien personas cada día, eso significaría que durante tu vida conocerías un total de 2,922.000 personas —menos de una décima de un uno por ciento de la población del mundo.   Basado en esto, ¿cómo puedes asegurar que has encontrado la persona adecuada para ti?

Sin embargo, estoy convencido que si Dios te ha llamado para casarte, El tiene la persona única para ti. Creo que puedes estar absolutamente seguro de que la hallarás si caminas en su luz, y podrás afirmar: "Esta mujer, (o este hombre) es la persona única para mí"

No todos los cristianos piensan así.   Algunos dicen que Dios no tiene una persona escogida para ti.   También dicen que pudieras casarte con cualquiera de entre varias personas.   Quizá tengan razón.   Surgen profundas diferencias de opinión cuando tratamos de entender con exactitud cómo Dios nos guía sin violar nuestra libertad.

Sin embargo, sin querer ser dogmático, mantendré firme mi convicción de que cada persona puede al fin descubrir la persona ideal con quien se casará.   Creo en el concepto de "la persona ideal" en parte por mi propio matrimonio.   Todavía me maravillo de ver cómo Dios tan amorosamente me dio mi esposa —no sólo una de varias posibilidades, sino esta persona de carne y hueso en particular, a quien amo tan profundamente.   Ella es única, y creo, ideal en forma única para mí. Quizá pudiera haber tenido un buen matrimonio con otra mujer, pero no habría sido igual.

LA MUJER DE MIS SUEÑOS

Siempre fui un chico tímido y penoso que no tenía mucha relación con muchachas tanto en la secundaria como en la universidad. Después de graduarme me mudé de mi hogar en el estado de California para Illinois, donde conseguí mi primer empleo. Durante los cinco años siguientes viví en los suburbios de Chicago, felizmente soltero. Pero como todo soltero, quería casarme. Salí con varias chicas que me gustaban mucho, pero nunca tomé a ninguna realmente en serio. ¿Por qué? Yo mismo no estaba seguro.

Durante ese mismo tiempo conocí a Popie. Ella vivía en California y nos conocíamos a través de algunos antiguos amigos escolares cuando fui de visita allá. Me gustaba mucho, aunque para un observador casual éramos dos polos opuestos. Yo era serio y tímido, y ella era extremadamente extrovertida y jovial. Nunca pensé con seriedad en implicarme en un romance con ella.

Francamente, la consideraba fuera de mi alcance. Había muchos chicos que competían por lograr su atención. Además, yo vivía a más de tres mil kilómetros de distancia y era bastante inocentón. ¿Cómo podía competir? La miraba de la misma manera que se mira una hermosa mansión blanca sobre una loma. Desde luego, sería fantástico vivir en una mansión así, pero yo no esperaba hacerlo. Tampoco contaba con casarme con Popie.

Entonces sucedió algo terrible. Después de conocernos por varios años, me enamoré de ella. No era mi intención, pero el amor vino sin pedirme permiso. Sucedió un verano cuando ella me visitó al pasar por la región donde yo vivía. Nada como eso me había desconcertado desde el sexto grado. Me intoxiqué de amor y no podía pensar en otra cosa que no fuera ella. Esto me molestaba intensamente, pues yo estaba seguro de que ella no estaba interesada en mí. Yo no fantaseaba con llegar a ser uno de la multitud de hombres que la pretendían sin éxito. Yo era demasiado orgulloso.

Pensé que esto pasaría, como todo enamoramiento sin correspondencia. Pero no fue así. Le escribí una carta para saber si le interesaría tener relaciones conmigo. Ansioso esperé su respuesta. En una forma muy amable me dijo que no estaba interesada. Pero aquel sentimiento no pasó, y meses después todavía me seguía, como una enfermedad empalagosa. Yo quería en gran manera dejar de sentir aquello, pero no podía. Miraba otras chicas que conocía y admiraba, chicas que *creía* yo que estaban interesadas en tener relaciones conmigo. Deseaba poder sentir por ellas lo mismo que por Popie, pero no podía.

Así que, el año siguiente traté muy dignamente de ahogar mis sentimientos por ella. Dos o tres veces salieron a la superficie. Le decía lo que sentía por ella y le preguntaba si ella pensaba en forma algo diferente. Cada vez yo esperaba desesperadamente que ella cambiara de parecer, pero nada pasaba. Mi corazón estaba realmente herido. Hasta entonces no había sabido que el significado de la frase "un corazón roto" se basaba en una sensación física.

No podía entender por qué yo estaba pasando por esta experiencia. Todavía no lo entiendo. Lo que sé es que a través de ella pude comprender mejor el amor de Dios hacia mí —un amor no debilitado por los tiempos difíciles y desconcertantes. También sé que un día que nunca olvidaré, cuando había renunciado a toda esperanza, Popie me dijo que había cambiado de idea. Me dijo que estaba "abierta". De más está decir que a esas palabras, las puertas de mi corazón se abrieron de par en par. En cuestión de un año nos casamos. Jamás he dudado de que ella haya sido hecha únicamente para mí —un regalo de la misma mano de Dios.

Muchas personas casadas se sienten así con respecto a sus parejas. Aun en matrimonios que han sido más bien difíciles, cada uno tiene un profundo sentir de que han sido hechos uno para el otro. Un hombre me dijo una vez, "Muchas veces los dos hemos deseado haber estado casados con alguna otra persona. Sin embargo, sabemos que Dios nos ha hecho específicamente uno para el otro, y aun los días más difíciles de nuestro matrimonio contribuyen para hacernos mejores personas".

Creo que este sentir es igual al sentir de la Biblia acerca de la vida. Para mí, como cristiano, Dios no es una fuerza abstracta. Es mi Padre personal. El conoce cuántos cabellos hay en mi cabeza. Quizá yo no conozca los cinco mil millones de personas que viven en este planeta, pero El sí, El atiende en forma muy personal a cada uno, y no cae a tierra ni un avecilla sin que El lo sepa. Un padre celestial como éste se interesa por los más mínimos detalles de mi vida. Creo que nada sucede por accidente.

De seguro que los matrimonios no ocurren por accidente, pues El ha expresado su profunda solicitud por los matrimonios. Son usados en la Biblia como una analogía del amor de Dios por nosotros (ver Efesios 5:22-33). Al creer en un Dios así, y al creer que El me ha adoptado como hijo, ¿cómo puedo pensar que la elección de la persona con quien he de casarme no es algo que le interese? Puede que no le importe si me pongo una camisa roja o azul por la mañana, ¿pero cómo podrá no importarle con quién me caso?

No puedo probar que Dios tiene una persona ideal escogida para cada uno. La Biblia no dice tal cosa. Simplemente afirmo que la creencia en "la persona ideal" es casi inevitable para los cristianos. Nosotros no creemos que nuestra vida está regida por elecciones arbitrarias. Más bien creemos que es el resultado de la voluntad de Dios. Inevitablemente nos inclinamos a creer que las circunstancias en que podamos estar no son arbitrarias, sino la voluntad específica de Dios para nosotros.

Mi creencia es que Dios tiene una mujer específica para que sea mi esposa, de la misma forma que tiene un empleo específico para mí en que yo trabaje y una ciudad específica donde yo viva, y un río específico para cada pez. El no creó un millón de diferentes universos posibles. El creó un universo —el ideal. Quizá sea un universo difícil, un universo lleno de dolor así como de alegría, pero no está fuera de control. Es el universo de Dios y todo está dirigido por su cuidado.

Pero esto es bastante filosófico. La Biblia es un libro práctico, que trata de lo que necesitamos saber para vivir. Y aun si la persona ideal existe, debes encontrarla. En práctica, esto resulta ser bien difícil.

Algunas teorías acerca de la elección

Algunos te dirán: "*lo sabes*", y muchas veces es así. La persona ideal puede aparecer de improviso para ti, como la respuesta acertada a un problema de matemáticas que llevas tiempo tratando de resolver. Este fue mi caso. Jamás dudé ni por un momento que si esta maravillosa criatura estaba dispuesta a casarse conmigo, ella era la persona ideal para mi. Pudiéramos decir que su disposición sola fue una prueba milagrosa de la voluntad de Dios.

Sin embargo, esa perfecta conformidad puede resultar engañosa. Nadie se conoce a la perfección. Por eso hay tantos que cambian de carrera a mitad de la universidad y aun después. Lo que creías que te gustaría con frecuencia no te gusta. Y cuando de amor se trata somos aún más vulnerables. Cada célula de tu cuerpo te impulsa. Te puedes engañar porque quieres ser engañado; puedes casarte con "el amor de tu vida" y llegar a ser la persona más miserable del mundo.

¿Crees que esos millones de personas que van al altar cada año piensan que se están casando con la persona ideal? Claro que sí. Desafortunadamente la mitad cambia de parecer en un año o dos. Al fin se divorcian, sintiendo odio y amargura por la persona que llamaban "la ideal". Su sueño se ha hecho pedazos.

Los cristianos tratan de ser un poco más inteligentes. Sabiendo los peligros de vivir de acuerdo a las emociones, van a Dios pidiendo sabiduría. Buscan la persona ideal a través de la oración. He oído a algunos decir: "El Señor me mostró que ella (o él) es la persona ideal para mí". Pero no insistamos mucho en que nos digan cómo el Señor se los mostró, o encontraremos por lo general que el Señor ha usado métodos bastante subjetivos para hacer llegar su mensaje: emociones, impresiones, una sensación de paz. Las emociones, e impresiones no son tan fiables como la gente cree. Una sensación de paz puede decir más acerca de tu propio estado mental que del de Dios —algo que se debe considerar cuando se está tomando una decisión importante. También podemos obtener una sensación de paz con una pastilla para los nervios. No hay versículo alguno en la Biblia que diga que una sensación de paz es una guía fidedigna de la voluntad de Dios.

En la Biblia encontramos personas guiadas por visiones, voces del cielo y otros medios sobrenaturales (no sentimientos). Pero aun en la Biblia tal intervención sobrenatural no es la única forma de dirección. A menudo las decisiones fueron fundamentadas en la comprensión de lo que Dios se interesa en el asunto según lo revelado en las Escrituras y en sentido común. Este es el caso hoy también. La mayoría de los misioneros van a otros países porque tienen un profundo interés en predicar el evangelio, no porque se les apareciera un ángel. La mayoría de los cristianos se casan porque están enamorados, no porque hayan "oído una voz". Muchas personas han pedido a Dios que les muestre su voluntad, pero muy pocos reclaman haber visto visiones u oído voces reales como respuesta. La mayoría usa criterios más usuales para tomar decisiones, y de esta forma no puedes estar completamente seguro de que la chica que se sienta tres bancos delante, es la ideal para ti.

Dios revela "la persona ideal"

No conoces todo acerca de tu futura pareja. Ni siquiera conoces todo acerca de ti mismo. No puedes comenzar a adivinar al futuro. Puedes casarte con una belleza hoy, y la semana próxima un accidente automovilístico puede destrozar su hermoso rostro. Podrás casarte hoy con un hombre fuerte, estable y seguro de sí mismo, y mañana él puede perder su empleo y caer en una profunda depresión nerviosa. Puedes casarte pensando en tener hijos y luego descubrir que no puedes tenerlos. Puedes casarte soñando con la intimidad sexual y entonces descubrir que ambos tienen tremendas inhibiciones sexuales. (Por cierto, esta sorpresa la reciben tanto los que experimentan con las relaciones sexuales premaritales como los que no, simplemente porque la actividad sexual fuera del matrimonio no es igual a la actividad sexual dentro del matrimonio).

Así que aun si crees que existe una persona especial para ti, ¿de qué te sirve? ¿Cómo puedes saber con seguridad quién es?

La respuesta que voy a dar, creo que es la bíblica y puede frustrarte. Como sucede muchas veces, con respecto a la Biblia no resuelve tu problema como quieres tú. Aquí está: su respuesta: *Sabes con seguridad quién es la persona ideal para ti   el día que te paras delante del ministro y dices: "Si prometo"*. Hasta entonces probablemente no lo sabrás de seguro. Después de eso el asunto está resuelto, por siempre.

Dije que la respuesta podía frustrarte. Parece un truco. Quieres saber quién es la persona ideal para ti, a fin de simplificar el proceso de elección. Pero, al contrario, la elección se hace más difícil. La elección la haces por ti mismo y entonces, cuando la has hecho, oyes que la puerta que se cierra detrás de ti. De pronto, tu elección se ha convertido en la elección de Dios.

Creo que esto nos parece frustrante porque no queremos afrontar los hechos difíciles respecto del matrimonio —y de nosotros mismos. Queremos reducir el matrimonio principalmente a un asunto de encontrar la combinación perfecta de personalidades, como sería encontrar la llave apropiada para una cerradura. Tomamos los candidatos potenciales y los comparamos con una lista de cualidades ideales para ver cómo califican.

Claro que yo creo en la importancia de la compatibilidad. Sin embargo, no es lo más importante para el éxito del matrimonio. El objetivo principal de Dios no es la

compatibilidad, sino una pregunta que penetra hasta el
corazón mismo del matrimonio: *¿Puedes decir: "Sí;
prometo" y ser fiel hasta la muerte?* Si puedes, entonces
has encontrado "la persona ideal" —y también te *has
convertido en* "la persona ideal".

¿Vemos tanto divorcio, infelicidad, suicidio, abuso de
esposas e hijos y promiscuidad porque, a causa de un error
mental millones de personas se han casado con personas
que no eran las ideales? No. Queremos echar la culpa de
nuestros problemas a "errores", preferiblemente a errores
que nadie pudo prever con buen sentido. No soportamos
pensar en la alternativa: Las cosas van mal porque estamos
mal por dentro, porque no podemos soportar las presiones
de la vida, porque sobre todo no podemos amar y
permanecer amando como lo exige una vida feliz.

Dios implanta preguntas difíciles en ti cuando
piensas en el matrimonio. Son principalmente preguntas
acerca de ti y no de tu pareja. ¿Puedes soportar las
presiones? ¿Puedes hacer el compromiso y atenerte a él?
Dios quiere que te preguntes no sólo: "¿Es ésta la persona
ideal para mí?" sino: "¿Soy *yo* la persona ideal". En su
manera de pensar, la compatibilidad siempre es secundaria
al compromiso.

Desde el día en que haces los votos matrimoniales, tu
pregunta acerca de la persona ideal es contestada. El o ella
es la persona ideal para que le seas fiel, la ames y cuides.
Puede que no resulte ser la persona ideal para hacerte feliz,
pero ciertamente es la persona ideal para mordearte —en lo
bueno o en lo malo, en enfermedad o en salud, en pobreza o
en riqueza— a ser la persona que Dios quiere que llegues a
ser.

Como comparar tu pareja con una lista

Aunque es más que un poco frustrante, esta presentación
responde a nuestras preguntas. Dice, para empezar, que si
estás llamado al matrimonio, hay una persona ideal para ti.
Esto es más que decir que tienes que convertir en buena
una situación mala, o que el divorcio nunca es una buena

opción para los cristianos. Dice que Dios mismo pone el sello de aprobación en tu matrimonio. Dios dice que la persona a quien haces tus votos matrimoniales es su perfecta voluntad para tu vida —no hay ningún "si, y o pero". No hay segunda opción en su pensar. No hay "pudiera ser"". Sólo te anima a seguir hacia adelante en el maravilloso futuro que ha preparado para ti. Por tanto puedes —y en realidad lograrás— encontrar la persona ideal. Te verás casado con la mujer o con el hombre según el caso, con quien Dios quiere que encuentres la realización marital.

Hasta sabes cómo encontrar la persona ideal. La encuentras casándote. Tienes una grave responsabilidad de elegir, y al hacerlo, encuentras la voluntad de Dios para tu vida.

¿Significa esto que no puedes cometer un error? ¿Significa esto en último grado, que una persona cristiana puede casarse con una que no lo sea, sabiendo muy bien que esto viola 2 Corintios 6:14, y aun así encontrarse perfectamente dentro de la voluntad de Dios? No, la desobediencia a Dios siempre es un error. Te causará infinidad de problemas e infelicidad. También lo hará una mala elección del cónyuge.

Pero en otro sentido la respuesta es sí. A causa de su gran amor por el matrimonio, Dios puede tomar aun a matrimonios rebeldes y disparatados y no obstante actuar a través de ellos. Este es el explícito comentario de Pablo a los corintios, que se preguntaban si los matrimonios mixtos debían separarse. (Estos probablemente se habían casado siendo ambos inconversos y luego uno se convirtió). Pablo les escribió: "Si algún hermano tiene mujer que no sea creyente, y ella consiente en vivir con él, no la abandone. Y si una mujer tiene marido que no sea creyente, y él consiente en vivir con ella, no lo abandone. *Porque el marido incrédulo es santificado en la mujer, y la mujer incrédula en el marido*" (1 Corintios 7:12-14). La palabra *santificado* significa "Hecho santo", o "apartado para el servicio de Dios". Para Pablo no existe matrimonio sin

esperanza.   El no implica que automáticamente los
incrédulos son hechos creyentes a través del matrimonio;
no lo son.   El no implica, tampoco que un cónyuge
cristiano que ha desobedecido a Dios no va a pagar las
consecuencias de su desobediencia; va a pagar un precio.
Lo que quiere decir es que Dios está dispuesto a hacer del
matrimonio algo que de otra manera no sería: un vehículo
para lo mejor.

Entonces, ¿puede una joven cristiana unirse en
matrimonio a un inconverso, o hacer otros planes
matrimoniales imprudentes?

¡Claro que no!   En primer lugar, ¿cómo puede un
verdadero cristiano querer desobedecer a Dios y casarse
con una mujer no cristiana?   ¿O por qué querrá un cristiano
entrar en el matrimonio —que Dios ha dado como un
regalo tan precioso— con planes desatinados o
precipitados?   El matrimonio debe ser tratado con cuidado
reverente, pues así es como lo trata Dios.   Cualquier otra
actitud sólo puede guiarte tanto a ti como a tu cónyuge a los
riesgos de gran dolor.   Cualquier otra actitud sugiere que no
estás más preparado para el matrimonio que un niño de dos
años lo está para desactivar una delicada y complicada
bomba de tiempo.

Debes entrar al matrimonio con toda la sabiduría que
puedas allegar.   Por eso debes hacer una lista y ver cómo tu
compañero potencial califica. El propósito apropiado de la
lista es ayudarte a pensar en el compromiso que estás por
hacer.   Quieres estar lo más seguro posible de que lo estás
haciendo sabiamente y que lo vas a vivir con felicidad,
puesto que el matrimonio no es un experimento sino un
compromiso absoluto a los ojos de Dios.   Quieres estar
seguro de *poder* y *querer* vivir con esa decisión.   Una lista
de cualidades, debidamente usadas, puede ayudarte a hacer
ese compromiso con confianza y sabiduría.

No existe el cónyuge perfecto.   Tú no eres perfecto y
tampoco lo será la persona ideal.   No importa a quien
escojas, vas a tener días infelices.   Pero debes tomar una
decisión sabia para encontrar un cónyuge que proporcione

gozo y compañerismo, y que sirva a Dios contigo. De modo que busca a alguien que compagine contigo. Prueba, piensa, ora y habla hasta que te venga la convicción de que has encontrado la persona que Dios tenía para ti.

CAPITULO CATORCE

Veinte preguntas para elegir a la "persona ideal"

1. *¿Se ayudan mutuamente a acercarse a Dios?* Para que esto suceda, ambos tienen que tener una relación con Dios. Esto significa que ambos hablan con Dios, escudriñan Su Palabra, y han puesto a Dios en primer lugar en su vida. Los buenos cónyuges se ayudan uno al otro a crecer en esta relación. Y una relación saludable entraña una dimensión espiritual específica, que no se da simplemente por sentada.

Segundo, deben estar capacitados para animarse uno al otro en comunión con otros cristianos. En un nivel puramente práctico deben poder estar de acuerdo en cuanto a la iglesia a que van a asistir. En la práctica, amar a Jesús significa amar a su pueblo y reunirse con ellos regularmente en un lugar para adorarlo. Si no pueden ponerse de acuerdo respecto a una iglesia, siempre van a estar tirando hacia diferentes lados en lugar de hacerlo juntos.

Tercero, deben tener aproximadamente el mismo nivel de madurez espiritual. Es difícil calificar la "madurez", pero cuando la ves, la reconoces. No es intensidad, sino profundidad y consistencia. La madurez viene conforme aprendes a andar en el Espíritu, y según el Espíritu produce en ti un fruto creciente (como se describe en Gálatas 5:22, 23). Si no estás seguro de la madurez que tú y tu pareja tienen, pregúntale a tu pastor o a un creyente mayor en cuyo juicio puedas confiar. Un matrimonio debe ser mutuo: deben animarse uno al otro a andar más cerca de Dios. Si uno de los dos es más maduro que el otro, este alentarse será unilateral.

2. *¿Pueden hablar?* Los matrimonios no se cimentan sobre la belleza sino sobre la comunicación. La pregunta más importante que puedes hacerte acerca de tu probable pareja, es: ¿Sabemos comunicarnos?

¿Pueden hablar acerca de cualquier cosa que les interese? ¿O están limitados solamente a hablar de "nosotros" o de "yo"? El hablar de su maravillosa historia de amor no va a ayudar a que esa historia de amor siga adelante. El hablar acerca de lo maravilloso que uno o los dos son, se volverá gastado especialmente cuando uno de ustedes o ambos ya no parecen tan maravillosos. Deben poder hablar acerca de otras cosas.

Es cierto que algunos son más habladores que otros. Una persona callada puede que no diga muchas palabras en un día. No hay nada malo en ello. La comunicación puede andar a cualquier velocidad que sea adecuada para ambos, mientras que *haya* comunicación. No se conformen con un sentimiento confortable como sustituto. La misteriosa atracción que no necesita palabras se vuelve aún más misteriosa después de la boda. Pero el misterio se convierte en *¿Por qué me sentí siempre atraído (a) hacia él o ella?* No tenemos nada que decirnos.

3. *¿Pueden jugar juntos?* La vida no es sólo hablar. Una pareja debe saber ayudarse mutuamente a relajarse, a reírse y a divertirse. Si no pueden, la fuerte y excitante seriedad de su amor se gastará. El amor sin risa es como pan sin levadura: no crece. Puede oler delicioso, pero resulta pesado y gomoso.

4. *¿Pueden trabajar juntos?* El matrimonio cristiano es más que una asociación de placer. Involucra trabajo. Esto viene naturalmente con el vivir juntos. Alguien tiene que cocinar, limpiar, lavar, cortar la hierba. Si no se comparten los quehaceres diarios tampoco se comparte la vida; no son realmente "uno" como deben ser.

Para la mayoría de las parejas estos quehaceres compartidos se vuelven más intenso cuando vienen los hijos. Los niños dan trabajo. Trabajo sin recompensa y a veces desagradable. No ganan trofeos ni reciben pagos por

cambiar alegremente pañales sucios. Pero hay que hacerlo.
El matrimonio entraña servicio —servicio hacia los hijos y
la familia.

La orientación básica del cristiano está empeñada de
esta manera: Hallamos verdadera felicidad en ayudar a
otros. Es más, debemos morir a nosotros' mismos si
queremos encontrar la verdadera vida. Hallamos la
realización cuando ponemos el bienestar de otros bien
arriba en la lista. Buscamos la manera de servir a nuestros
amigos y vecinos —aun cuando no nos apetece.

¿Cómo pueden probar estas cualidades de "gente
casada" cuando todavía son novios? Pueden empezar a
buscar la forma de hacer cosas por otros como pareja, y
pueden dedicarse a actividades que no estén limitadas a
comer y ver películas. ¿Pueden ir juntos a limpiar la casa
de alguien que lo necesite? ¿Pueden planear una fiesta
juntos? ¿Pueden los dos ayudar a cuidar los niños durante
el servicio en la iglesia? ¿Pueden juntos hacer tareas
rutinarias no del todo placenteras?

5. *¿Tienen amigos mutuos?* No van a vivir toda una vida
solos: Van a necesitar amistades. Es importante que no
sean amigos que los separen, sino que los unan más.

Observa la manera en que tu pareja se lleva con sus
amigos o amigas. ¿Quisieras tú ser parte de ese grupo?
¿Te gusta la forma en que él (o ella) actúa alrededor de los
demás? Casi siempre la forma en que tu pareja trata a sus
amistades será la forma en que te tratará a ti después de la
boda. El matrimonio no es siempre tan romántico. Es una
amistad —o al menos debe ser.

Si ambos disfrutan con el mismo grupo de amistades,
es una buena señal de compatibilidad. Si no les agrada la
misma gente, deben por lo menos *llevarse bien*, con la
misma gente. La persona que trata a los amigos de su
pareja con desdén o total desinterés, por lo general no es la
persona más sociable con quien vivir.

6. *¿Están orgullosos uno del otro?* Para conocerse
necesitan privacidad, pero muy a menudo las parejas
enamoradas parecen satélites en órbita alrededor de la

tierra. Viven en su propio mundo y esto es bastante irreal. El matrimonio tiene que ver con muchos otros amigos, novios o novias anteriores, los padres, pastores, vecinos y aun enemigos. No es necesario estar en términos íntimos con todos ellos, pero es necesario que estés orgulloso(a) de tu pareja frente a todas esas personas. Un amor que no tiene fortaleza pública no puede durar mucho.

Es cierto que algunos aman a su pareja sólo delante de los demás. La exhiben como un pescador exhibe su pescado. "Miren lo que tengo", parecen decir. Esto tampoco funciona. Debes amar a tu pareja primero por lo que él (o ella) significa para ti en privado; también debes amarla por el efecto que causa en otros. Debes estar orgulloso de tu pareja en privado y en público.

7. *¿Están intelectualmente al mismo nivel?* La mayoría de las veces esto va con la educación. Hay muchas excepciones, pero como regla general, los dos deben tener una base educacional similar.

En nuestra sociedad la educación dice mucho en cuanto a quién eres y qué disfrutas. Puede que dos personas no usen mucho de su educación en la conversación diaria. La mayoría de la gente no habla de libros ni discute ecuaciones algebraicas. Sin embargo, su educación afectará la forma en que enfocan un problema, la forma en que crían a sus hijos, la forma de cuadrar el libro de cheques, y el tipo de amistades hacia los que se inclinan en forma natural. El nivel educacional es una medida tosca pero segura de evaluar el nivel intelectual. Desde luego, hay excepciones. Alguien con educación secundaria puede ser más intelectual que otro con un título universitario. Sucede, pero no muy a menudo.

8. *¿Tienen intereses comunes?* Esto es, más allá de "Nosotros". Los intereses comunes son la base principal de una amistad. Si uno de ustedes vive para el deporte y el otro siente náuseas con sólo mirar una pelota de fútbol, necesitarán ajustarse bastante uno al otro. Es mejor ser amigo de alguien que comparte tus intereses para poder tener algo de que hablar juntos, y para poder tener algo que les guste hacer juntos.

La palabra clave es *interés*. El interés se puede cultivar. Puedes "interesarte" en cosas que nunca supiste que existían. Puede que no comiencen con mucho en común, pero ¿están dispuestos a trabajar juntos con esa meta?

9. *¿Comparten los mismos valores?* Como, por ejemplo, respecto de ser honrados en "las cosas pequeñas", como los impuestos. Respecto de la importancia de tener la casa y el auto limpios. Respecto de asistir a la iglesia con regularidad. Respecto de la función del hombre y la mujer en el matrimonio. Respecto del aborto, del divorcio.

No es necesario que tengan la misma *opinión* acerca de todo. No es necesario que voten por el mismo candidato presidencial, o que les guste el mismo estilo de muebles, ni favorecer el mismo equipo de fútbol. (Aunque las opiniones compartidas ayudan a suavizar el camino). Hablo de *valores*, que tienen que ver con el significado que hay detrás de los hechos. Si no comparten los valores, no habrá fundamento para resolver en forma significativa las diferencias. Nunca podrán ponerse de acuerdo, con respecto a dónde van a vivir, si uno de ustedes considera una casa grande como una señal de la bendición de Dios y el otro la considera una señal de codicia.

10. *¿Se sienten cómodos con la manera en que toman las decisiones juntos?* La mayoría de la gente usa una determinada forma de tomar decisiones —probablemente porque así lo hacían sus padres. Por ejemplo, alguien pensará que es estrictamente función masculina tomar las decisiones más importantes, y la esposa debe estar de acuerdo. Otro pensará que una decisión importante no debe tomarse nunca sin que haya una franca y completa discusión de la misma. Un tercero quizá piense que tanto el esposo como la esposa tienen ciertas áreas de autonomía, en las que toman decisiones sin discusión alguna: la esposa *paga* las cuentas y compra los muebles, por ejemplo, mientras que el esposo decide a qué iglesia van a asistir.

En mi observación de los matrimonios he visto parejas felices que toman decisiones de varias maneras distintas. La infelicidad viene cuando el esposo y la esposa no se ponen de acuerdo en el proceso apropiado. A veces su desacuerdo lleva a una pelea, y a veces está sutilmente escondido: la esposa, en un patrón clásico, parece someterse al marido, pero luego lo manipula para lograr sus propios deseos. Es mejor si pueden llegar a un adecuado acuerdo en cuanto a cómo tomar las decisiones.

11. *¿Se ayudan uno al otro emocionalmente?* Durante el curso de la vida todos tenemos momentos de desaliento y de dolor. En un buen matrimonio, ambos cónyuges reciben aliento y fortaleza del otro. Tu pareja debe ser uno que no sólo admiras y con quien te diviertes, sino alguien a quien vas en busca de sanidad emocional. El (o ella) debe tenerte el tipo de amor compatible con tu necesidad, que te levante, te restaure, vende tus heridas y te ayude a sanarlas.

12. *¿Se tienen absoluta confianza uno al otro?* La confianza tiene que ver con tu evaluación del carácter de una persona. Confías en alguien que sabes con seguridad que va a obrar rectamente. Nada puede sustituir la confianza. Debes tener confianza absoluta en su forma de manejar el dinero, las drogas y el alcohol. Y también en lo que se refiere a su fidelidad sexual, su cualidad de confidente, su trato de los hijos, su fe cristiana, su trabajo y su veracidad es esencial. La falta de confianza en cualquiera de éstos hará más que quitarte tu felicidad. La socavará totalmente. No puede haber matrimonio sin confianza.

13. *¿Son más creativos y enérgicos por causa mutua?* Algunos dicen que el amor hace que las personas se vuelvan abstraídas. Puede que sí, a veces. También puede que las haga irritables, preocupadas o deprimidas —a veces. Pero por lo general, el amor debe darles más vida a ambos. La depresión, la preocupación y el letargo son señales de problemas. Por lo regular no debes hacer menos por estar enamorado, sino más. El amor debe hacerte más determinado que nunca a hacer lo mejor de ti y del trabajo que realizas, puesto que quieres que tu pareja esté orgullosa de ti, y te sientes responsable para con él o ella. Ambos deben sacar lo mejor del otro.

14. *¿Pueden aceptar y apreciar cada uno la familia del*

otro? La mayoría de las parejas jóvenes prefieren no tener que pensar en la familia, sobre todo si la misma no es muy agradable. Cuando eres joven y soltero puedes ser bastante independiente. Sin embargo, ningún hombre (o mujer) es una isla. Somos parte de nuestra familia, y nuestra familia es parte de nosotros —nos gusten o no. No te tienen que gustar, pero sí debes aceptarlos, porque esencialmente eso es igual que aceptar a tu pareja. Es mejor que encuentres la forma de apreciarlos también. Si tu relación depende de excluir la familia, su fundamento tiene una grieta.

15. *¿Tienen relaciones no resueltas en su pasado?* El amor de rebote es muy inestable. No puedes compensar algo que te faltó en un amor anterior —aunque mucha gente trata. Ambos deben poder hablar de sus respectivos pasados con libertad. Los detalles no son necesarios, pero si simplemente no puedes hablar, (o dejar de hablar), puedes estar emocionalmente atado a una época anterior. El pasado debe ser dejado enteramente en el pasado.

16. *¿Está controlado el impulso sexual?* Si no, es una señal malsana para su futuro. Tendrán que controlarse muchas veces, en muchas formas —incluso sexualmente cuando estén casados. Si no pueden hacerlo ahora, tal vez no puedan hacerlo después. Con esto no sugiero que no tendrán que luchar para controlar el sexo. La pregunta es, ¿quién está ganando la batalla?

Con frecuencia las relaciones sexuales antes del matrimonio encubren las señales de problemas. Proveen un falso sentido de unidad, unidad basada no en un compromiso sino en hormonas. Su fuerza poderosamente atractiva los mantiene juntos y los impele a un falso compromiso, en el cual sin la actividad sexual las relaciones pronto se desmoronan. A menudo las relaciones sexuales premaritales van acompañadas de una sensación de culpabilidad, lo que añaden a la confusión. En general, las relaciones sexuales te hacen sentir bien, pero no ayudan a aclarar el compromiso que quieres hacer. Cuando han ido juntos "hasta el final", incluso casi hasta el final —les puede parecer que en realidad ya están casados y que la ceremonia nupcial meramente ratificará lo que ya han hecho. Así que probablemente no pensarán en el compromiso tanto como deberían. Pero el hecho es que la ceremonia matrimonial es más que una ceremonia. Los lleva "hasta el final" en el matrimonio. Las relaciones sexuales no.

17. *¿Han pasado suficiente tiempo juntos?* Yo no considero ningún factor más crítico que el tiempo. En realidad no pueden conocerse a fondo uno al otro si no han pasado suficiente tiempo juntos. ¿Cuánto es suficiente? Como regla general, yo diría que por lo menos un año, de verdadera intimidad. Durante este tiempo pueden salir de los primeros efectos deslumbrantes del romanticismo y ver claramente aquello a lo que se están comprometiendo.

18. *¿Han peleado y se han perdonado después?* Walter Trobish, respetado autor en asuntos matrimoniales, ha dicho que las parejas deben pasar el verano y el invierno juntos. Cualquiera se lleva bien cuando el sol brilla, pero aprender a aceptar y perdonar cuando has sido herido, requiere mucho más de los ingredientes que hacen un matrimonio feliz. Aprenden más uno acerca del otro en una semana de crisis que en un mes de felicidad. Si no se pueden perdonar, si se guardan rencor, si usan el "tratamiento del silencio" para salirse con la suya, o si los desacuerdos les hacen perder la cordura —no están listos para el matrimonio. Los conflictos vendrán, y deben saber cómo superarlos.

19. *¿Han hablado de todos los aspectos de su vida futura?* Cuando llevan bastante tiempo de relaciones y las toman en serio, es necesario que hablen en forma sistemática acerca de su vida futura. No recomiendo que hagan esto en su primera salida juntos como algunos lo hacen —esto es algo reservado para más adelante.

Las finanzas, el estilo de vida, las expectativas sexuales, los empleos, los hijos y los padres son algunas de las cosas que necesitan discutir en detalle antes del matrimonio, ya que estarán lidiando con ellas cuando estén casados y es mejor que sepan de antemano si se pueden comunicar.

20. *¿Han tenido consejería?* La mayoría de las parejas prefieren mantener sus relaciones entre sí —aconsejarse uno al otro. Esta privacidad, aunque es cómoda, al final no ayuda. Una tercera persona entrenada puede verlos desde un ángulo del cual ustedes no se pueden ver. Un consejero no puede decirles si deben o no casarse, pero sí puede ayudarlos a explorar preguntas que han ignorado a ayudarlos a resolver posibles problemas. La mayoría de los pastores dan consejería matrimonial, ellos mismos pueden recomendar a quién ir. Vale la pena pagar el precio si lo hay. Generalmente se necesita más de una sesión si la consejería ha de ser completa.

¿PUEDO PASAR CON UNA PUNTUACION DE DIECISIETE?

Aun cuando estas veinte preguntas no pueden ser calificadas como un examen, cada pregunta es lo suficientemente importante como para explicar el derrumbe de un matrimonio. Cada una debe ser considerada con mucho cuidado por los dos al acercarse a una decisión final referente a su futuro.

Por otra parte, no tienen que ser perfectos ni tener una relación perfecta para tener un matrimonio feliz y fructífero. Si el matrimonio requiriese perfección, todos fallaríamos. Dios ayuda a aquellos que piden su ayuda. El tiene interés en tu matrimonio y te ayudará a hacerlo el "matrimonio ideal".

Entonces ¿qué haces cuando ves que se acerca el día de tu boda y no estás seguro de estar haciendo lo correcto? Creo que debes tomar tus dudas como una oportunidad para pensar en tu pareja en espíritu de oración, quizá a la luz de estas preguntas. Pregúntate si quieres hacer de esta persona la "persona ideal" para el resto de tu vida. Pregúntate si puedes vivir toda una vida con esta persona —"en salud o enfermedad, en lo bueno o en lo malo, en pobreza y en riqueza".

Nunca debes decir: "Sí, lo prometo" solo porque

crees que es muy tarde para volverte atrás. Esperar un poco
más siempre es mejor que seguir adelante con una
ceremonia de la cual dudes seriamente. Por embarazoso y
penoso que sea, posponer los planes no es el fin del mundo.
Desde luego, en algún momento tendrás que elegir, y nunca
eliminarás toda la incertidumbre. Pero a veces un poco
más de tiempo puede ayudarte a ver esa elección con más
claridad.

El matrimonio es algo demasiado bueno para entrar
en él en forma desacertada. La forma correcta es con gozo,
amor y confianza en que estás listo para lo que el futuro te
traiga con la persona ideal.

La buena noticia para los cristianos es que no tienen
que elegir solos. El Espíritu de Dios ayuda a aquellos que
claman por su ayuda, dándoles sabiduría y discernimiento
para tomar decisiones.

Y todavía hay más buenas noticias. Nuestra
incertidumbre no dura indefinidamente como en aquellos
que no conocen a Dios. No tenemos que pasarnos la vida
entera preguntándonos si elegimos correctamente —si en
efecto la persona ideal no pudiera haber sido otro hombre,
u otra mujer. Podremos sufrir incertidumbre, pero sólo por
un tiempo. El día de boda trae felicidad, en parte porque
creemos que el tiempo de incertidumbre ha terminado y
entramos en un período de seguridad absoluta. Hemos
encontrado "la persona ideal". Dios mismo pone su sello
de aprobación en nuestro matrimonio y nos da la
bienvenida a la ilusión.

Pregunta: Parece que mucha gente usa la palabra *amor* muy
ligeramente. Una muchacha se pone nerviosa y excitada cuando
conoce a un muchacho y luego se pregunta si está enamorada.
Yo me he criado con el concepto de que si una persona puede
decirle de verdad a otra del sexo opuesto que la ama, eso implica
un nivel de compromiso muy alto. Esto puede ser demasiado

anticuado, pero para mí tiene sentido.   ¿Cree usted que el
contenido de la palabra *amor* ha cambiado con el uso?

Respuesta: La palabra *amor* ha cambiado, pero tal vez no en la
manera que piensas. El mayor interés bíblico está en el amor
"ágape", el amor en extremo comprometido y abnegado que se
describe en 1 Corintios 13. Con todo, el *amor* en la Biblia puede
reflejar muchos significados. Por ejemplo, en 2 Samuel 13:1
leemos que Amnón se "enamora" de Tamar —aunque luego su
"amor" lo lleva a la violación sexual.

   Yo no veo nada grave en describir los sentimientos
románticos, atolondrados como *amor*.   ¿De qué otra manera
pudiéramos hacerlo? Lo que me preocupa es la tentación de
dejar el amor en ese nivel. Un amor que dura tiene, como dices,
un nivel muy alto de compromiso.

   Puede que tengas razón al reservar la palabra *amor* para
estos altos niveles de compromiso. Sin embargo, yo no veo
manera alguna de cambiar la forma de hablar de la gente.
Prefiero hacer esto: Cuando alguien dice: "La amo", yo
preguntaría: ¿Qué quieres decir con eso?" El amor tiene muchos
significados, pero el mejor de todos requiere mucho más que un
sentimiento.

Pregunta: Hace un par de años visité una ciudad donde yo
había vivido anteriormente (aquí en los EE. UU), y conocí un
muchacho que llamaré Miguel. Pude notar que él se sintió muy
atraído hacia mí.   Aun cuando yo lo encontraba bastante
agradable, lo traté sólo como un amigo. En aquel tiempo él tenía
novia y yo no quería problemas, sobre todo sabiendo que su
novia y yo habíamos sido buenas amigas cuando niñas.

   Durante mi visita él me trató muy amablemente y pude
apreciar que no le gustaba la idea de que yo tuviera que volver a
mi país. Puede que ése haya sido mi error (y el suyo). Le dije
que no volvería a los EE. UU., pues así parecía entonces. El
veía triste y yo pude notar su disgusto.

   Volví a mi patria, y como año y medio después me enteré
de que mi amiga de infancia se había casado con Miguel.
Habían tenido relaciones sexuales y fueron obligados a casarse

prematuramente. Seis meses después de su boda, (dos años después de mi visita), mi familia volvió a mudarse a la misma ciudad. Lo peor de todo es que, por pura coincidencia, Miguel, su esposa e hijos se mudaron al cruzar de la calle de mi casa.

Miguel ha venido a mi casa y habla con mi padre como amigo. Yo he podido hablar con él a solas un par de veces y él me preguntó por qué le mentí diciéndole que no regresaría nunca. Me ha dicho que las cosas habrían sido tan diferentes. También me ha dicho que la única razón que tuvo para casarse fue que yo no fui a su boda —que si hubiera ido, él no se hubiera casado.

No hablamos mucho, pues es duro para ambos. Nos saludamos uno al otro y a veces hablamos delante de nuestros familiares.

Todavía me interesa, y es duro para mí verlo constantemente. Sé que no se puede hacer nada al respecto, sino orar pidiendo fortaleza y quizá mudarme de allí. Me siento tan mal de sólo saber que todavía me atrae. Creo que lo que necesito es que alguien en quien pueda confiar, como usted, me aconseje.

Respuesta: Hay una forma de pregunta que nunca ha producido una respuesta muy provechosa, la que empieza diciendo: "¿Qué habría sucedido si...?" Es igual que pasarte la vida soñando que eres la "Mujer Araña".

La mayor parte de tus ansiedades surgen de pensar "Qué si..." —*¿Qué si le hubiera dicho que me esperara? ¿Qué si no se hubiera casado con ella?* No hay nada de extraño en sentirse atraída hacia un hombre casado. Tu desdicha viene del poder de tu mundo de fantasía —*¡Este hombre pudo haber sido mío y no suyo!* Pero ese mundo no existe. Nunca existió ni existirá. Su única realidad es su poder para hacerte desdichada.

He oído de mucha gente que ha caído bajo ese poder, y sufren porque su fantástico mundo de amor no se ajusta a su vida. Es difícil descartar esos mundos de fantasía. No puedes apagar tu cerebro como se apaga un televisor —especialmente cuando el objeto de la fantasía vive frente a tu casa y es inevitable el contacto. Mudarte lejos sería una buena idea, pero tal vez no sea práctica para ti. Así que te haré tres sugerencias que pueden ayudar. No son mágicas, pero si te atienes a ellas, cambiarán tus pensamientos.

Primero, sé dura con tus pensamientos. Sólo un mundo merece tus pensamientos — el mundo en que vives. Cuando te encuentras derivando a la autocompasión y a los pensamientos de "qué si..., sacúdete la fantasía y recuérdate a ti misma que ése es un mundo imaginario. Dite a ti misma: "¡Crece!" Ni siquiera de dejes montar en ese tren de pensamiento. El apóstol Pablo nos dice en Filipenses 4:8 que pensemos en todo lo que es verdadero, todo lo honesto, todo lo justo, todo lo puro, todo lo amable.

Segundo, ocúpate en otras cosas. Asegúrate de siempre tener algo en que pensar o algo que hacer, sobre todo cuando Miguel anda por allí o cuando estás pensando en tus "qué si...". Algunas buenas amistades te serían de ayuda. La fantasía se multiplica en el vacío, especialmente cuando te sientes sola o aburrida.

Tercero, espera. Tus marcados sentimientos con respecto a Miguel son como una negra nube de tormenta sólida y amenazante en apariencia pero que desaparecerá según cambie el tiempo. Esos apasionamientos casi siempre duran poco. Puede ser difícil creerlo ahora, pero si puedes mantenerte alejada de Miguel y estar siempre ocupada, la atracción que sientes hacia él te parecerá ridícula algún día. A decir verdad, él parece como algo entre inmaduro y necio. ¿Quién se cree que es para hablarte de esa manera? Está casado y tiene familia.

EPILOGO: COMO MANTENER VIVA LA ILUSION

A menudo, cuando la gente considera el enfoque cristiano del sexo, piensan negativamente: "No hagas esto", y "No hagas aquello". De alguna forma se hacen la idea de que Dios no aprueba las relaciones sexuales, y que las mismas son una necesidad triste que detestamos hasta mencionar.

¡Qué equivocados están! Dios es el gran idealista. El creó el sexo para nuestro placer. El no quiso que viviéramos solos. La ilusión de un amor de toda la vida, de una intimidad sexual sin límites, El mismo la plantó en lo recóndito de nuestra alma.

Dios también es el gran realista. El sabe qué tipo de personas somos de altibajos. Sabe lo difícil que nos resulta perseverar en nuestros sentimientos de amor día tras día, mes tras mes, año tras año. Sabe cuán propensos somos a hacer pedazos esa ilusión. Por eso nos dio algunas instrucciones estrictas: "No hagas esto o te harás daño. No hagas aquello o abusarás de mi gran invención". Las reglas que dio, a menudo son negativas, pero están basadas en algo muy positivo: el hacer o rehacer la ilusión.

Parece mentira. Dios, el Creador del universo, se interesa por nuestra satisfacción sexual. No se contenta con que andemos por la vida haciendo lo mejor que podamos con ocasionales vislumbres de felicidad. Quiere que vivamos en esplendor sexual, con un amor tan fuerte que nunca muera. Y El hace posible que podamos vivir esa ilusión. No es automático, y nunca es fácil, pero *es* posible.

Llevo quince años respondiendo preguntas acerca del sexo, oyendo de todo tipo de personas todo tipo de preguntas que se pueda imaginar. Con frecuencia los problemas que presentan son abrumadores, y hasta me pregunto si hay esperanza alguna.

Sin embargo, en mi propia vida y en la de mis amigos y familiares he visto confirmada la sabiduría de Dios. Mi matrimonio no es tan sólo lo que soñé que pudiera ser cuando tenía trece años. Es mejor, más rico, más satisfecho, más divertido. Y, tremendamente desafiante. Se lleva todo lo que tengo para dar y me paga dividendos.

Esta realidad vivida día a día me ayuda al responder preguntas difíciles. Muchas personas viven en la oscuridad cuando de la satisfacción sexual se trata, y les resulta difícil imaginarse cuán brillante puede ser esa luz. Se les dificulta ser pacientes, esperanzados y disciplinados cuando todo lo que ven es oscuridad. Una de mis funciones es brillar alrededor un poco de esa luz.

Por lo tanto mi última palabra es ésta: la ilusión puede llegar a ser realidad. No la dejemos morir.